Sonja Hahn-Schmück

Bodys & Strampler NÄHEN

Niedliche Jersey-Outfits für Babys

In Größe 44–92

CV

Hallo du,

ich freue mich riesig, dass du mein Buch »Bodys und Strampler für Babys nähen« gefunden hast. Viele Hobbynäher*innen kommen mit dem Thema »Kinderkleidung nähen« in Berührung, wenn eigener Nachwuchs unterwegs ist oder im Freundes- und Bekanntenkreis Babys zur Welt kommen. Meine bisher veröffentlichten Bücher »Erstausstattung für Babys nähen – aus Jersey«, »Farbenfrohe Jersey-Outfits für Kinder« und »Cosy Jersey-Looks für Kinder« drehen sich genau darum – bequeme und schöne Bekleidung für die Allerkleinsten bis hin zu Fast-Teenagern.

Nun folgt ein weiteres Buch für die Größen 44 bis 92, mit einfach zu nähenden Kleidungsstücken fürs erste Lebensjahr, niedlicher Erstausstattung und gut sitzenden Basics für Neugeborene und Babys. Mit leicht nachvollziehbaren Schritt-für-Schritt-Anleitungen und erklärenden Fotos möchte ich es auch Nähanfänger*innen ermöglichen, tolle Kinderkleidung zu nähen und am Ende wunderschöne Unikate in den Händen zu halten. Einzigartig wie die Kinder, die sie dann tragen.
Lies dir bitte zunächst die allgemeinen Informationen zum Gebrauch des Buches durch. Dort sind viele Begriffe erklärt und auch einige Nähschritte bebildert beschrieben, die bei mehreren Projekten zum Einsatz kommen. In den einzelnen Anleitungen der Modelle findest du an den entsprechenden Stellen dann Verweise auf diese allgemeine Erklärung.

Und nun wünsche ich dir ganz viel Freude und Erfolg mit den Schnittmustern für »Bodys und Strampler nähen«.

Soja

RAINBOW

Inhalt

Allgemeines zum Gebrauch des Buches

Grundausstattung

Folgende Dinge werden generell benötigt und sind in den Anleitungen nicht noch einmal gesondert aufgeführt:

- Nähmaschine / Overlockmaschine / Coverlock
- Nähgarn
- Maßband und Handmaß
- Schnittmusterpapier / -folie & Stift
- Schneiderkreide / Markierstifte
- Schneiderschere & kleine Fadenschere
- Stecknadel oder Stoffclips
- Bügeleisen und Bügeltuch

Verweise

In den Anleitungen gibt es farbig markierte Verweise, zu denen du eine detaillierte Erklärung in diesem Kapitel findest.

Größen

Die Schnittmuster gibt es in den Konfektionsgrößen 44+, 50/56, 62/68, 74/80, 86/92. Dabei entspricht die Konfektionsgröße in der Regel der Körperhöhe.

Stoff

Die Mengenangaben für die verschiedenen Größen stehen durch Schrägstiche getrennt hintereinander. Es ist empfehlenswert, jeden Stoff vor dem Zuschnitt zu waschen und zu bügeln, denn viele Stoffe laufen durch die Wäsche ein – der eine mehr, der andere weniger. Selbst beim Bügeln schrumpfen viele Materialien nochmals. Falls abweichend Stoff mit einer anderen Breite gewählt wird, verändert sich natürlich der Stoffverbrauch.

Schnittmuster

In der Modellanleitung ist angegeben, auf welchem Arbeitsbogen du die Vorlagen findest.
Wähle die Linie, die der benötigten Größe entspricht, und pause das Schnittteil auf Schnittpapier oder -folie ab.

Wichtig: Übertrage sorgfältig alle Schnittmarkierungen und die Beschriftung.

Nahtzugabe

Diese musst du bei den Schnittteilen – wenn nicht anders angegeben – selbst hinzufügen. Für das Nähen mit der Overlock ist diese – je nach Stichwahl – 0,5–0,7 cm breit, bei der normalen Nähmaschine nimmt man meist 1 cm.

Saumzugabe

Diese fügst du bei den Schnittteilen – wenn nicht anders angegeben – selbst hinzu. Je nach Größe des Kleidungsstücks liegt diese zwischen 1 und 3 cm.

Rechts auf rechts

Die beiden „schönen" rechten Stoffseiten liegen aufeinander.

Links auf links

Die „unschönen" linken Stoffseiten liegen aufeinander.

Bruch

Ein Schnittteil im Bruch zuschneiden bedeutet, den Stoff doppelt legen und das Schnittteil mit der Bruchkante an die Stofffalte legen. Achte ggf. auf das Muster des Stoffes.

Gegengleich

Einige Teile werden 2x und dabei paarweise benötigt, d.h. du musst das Schnittteil 1x seitenrichtig und 1x gegengleich, also gewendet zuschneiden. Das kannst du in einem Schritt machen, wenn du den Stoff doppelt legst und einmal rundum das Schnittteil ausschneidest. So erhältst du zwei Teile, die gegengleich zueinander sind.

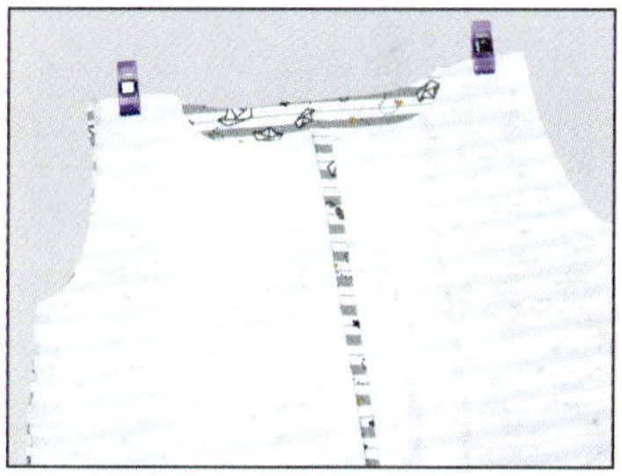

Bündchen

Miss die Weite der Ausschnittkante. Multipliziere diesen Wert mit Faktor 0,7 (bei Bündchenstoff) oder 0,8 (bei Jerseystoff) und füge Nahtzugabe hinzu. So erhältst du die Länge deines Bündchens. Die Höhe kannst du meist nach Wunsch festlegen. Bedenke jedoch beim Zuschnitt, dass du die fertige Wunschhöhe doppelt rechnest und auch hier Nahtzugabe hinzufügst. Schließe das Bündchen rechts auf rechts zum Ring und klappe das Bündchen links auf links ineinander, sodass die eben geschlossene Naht im Inneren verschwindet und die Höhe halbiert ist. Markiere die Naht sowie den ihr gegenüberliegenden Punkt.
Diese beiden Markierungen treffen nun auf die Seitennähte (oder die vordere und hintere Mitte) des Ausschnittes. Stülpe das Bündchen rechts auf rechts um den Ausschnitt herum, sodass alle drei offenen Kanten genau übereinanderliegen. Achte an den Nähten darauf, dass die Nahtzugaben in unterschiedliche Richtungen zeigen.

Nach Wunsch kannst du – bei leichter Dehnung der Stofflagen – zwischen den Markierungen noch weitere Stellen fixieren. Nähe das Bündchen unter leichtem gleichmäßigem Zug fest.
Die Nähte sollten hervorragend aufeinandertreffen.

Hinweis: Wenn du ein Bauchbündchen an eine Hose nähen möchtest, kann es sein, dass es bei der Berechnung mit Faktor 0,7 x Hosenweite zu locker ist. Daher empfiehlt es sich hier, den Faktor 0,7 x Bauchumfang des Kindes zu nehmen. Wenn gewünscht, kann natürlich auch ein Gummiband eingezogen werden.

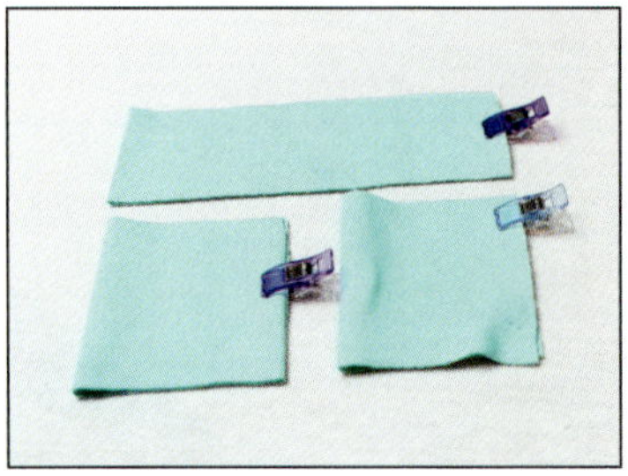

Absteppen

Durch knappkantiges Absteppen einer Naht fixierst du die Nahtzugabe auf einer Seite, sodass diese flach liegt und nicht mehr verrutschen kann.

Zu guter Letzt: Nicht wundern, dass nicht jeder Steptext ein eigenes Foto hat, das sind oft wiederholte bzw. hier bereits erklärte Arbeitsschritte. Richte dich einfach nach den Steps im Text, dann passt alles zusammen!

Bündchentabelle für Bündchenstoffe

Formel Umfang x 0,7 + 1cm Nahtzugabe (hier bereits enthalten)

Umfang Näharbeit	Länge Bündchen*	Umfang Näharbeit	Länge Bündchen*	Umfang Näharbeit	Länge Bündchen*	Umfang Näharbeit	Länge Bündchen*
1	1,7	26	19,2	51	36,7	76	54,2
2	2,4	27	19,9	52	37,4	77	54,9
3	3,1	28	20,6	53	38,1	78	55,6
4	3,8	29	21,3	54	38,8	79	56,3
5	4,5	30	22	55	39,5	80	57
6	5,2	31	22,7	56	40,2	81	57,7
7	5,9	32	23,4	57	40,9	82	57,4
8	6,6	33	24,1	58	41,6	83	59,1
9	7,3	34	24,8	59	42,3	84	59,8
10	8	35	25,5	60	43	85	60,5
11	8,7	36	26,2	61	43,7	86	61,2
12	9,4	37	26,9	62	44,4	87	61,9
13	10,1	38	27,6	63	45,1	88	62,6
14	10,8	39	28,3	64	45,8	89	63,3
15	11,5	40	29	65	46,5	90	64
16	12,2	41	29,7	66	47,2	91	64,7
17	12,9	42	30,4	67	47,9	92	65,4
18	13,6	43	31,1	68	48,6	93	66,1
19	14,3	44	31,8	69	49,3	94	66,8
20	15	45	32,5	70	50	95	67,5
21	15,7	46	33,2	71	50,7	96	68,2
22	16,4	47	33,9	72	51,4	97	68,9
23	17,1	48	34,6	73	52,1	98	69,6
24	17,8	49	35,3	74	52,8	99	70,3
25	15,5	50	36	75	53,5	100	71

Bündchentabelle für Jerseystoffe

Formel Umfang x 0,8 + 1cm Nahtzugabe (hier bereits enthalten)

Umfang Näharbeit	Länge Bündchen*	Umfang Näharbeit	Länge Bündchen*	Umfang Näharbeit	Länge Bündchen*	Umfang Näharbeit	Länge Bündchen*
1	1,8	26	21,8	51	41,8	76	61,8
2	2,6	27	22,6	52	42,6	77	62,6
3	3,4	28	23,4	53	43,4	78	63,4
4	4,2	29	24,2	54	44,2	79	64,2
5	5	30	25	55	45	80	65
6	5,8	31	25,8	56	45,8	81	65,8
7	6,6	32	26,6	57	46,6	82	66,6
8	7,4	33	27,4	58	47,4	83	67,4
9	8,2	34	28,2	59	48,2	84	68,2
10	9	35	29	60	49	85	69
11	9,8	36	29,8	61	49,8	86	69,8
12	10,6	37	30,6	62	50,6	87	70,6
13	11,4	38	31,4	63	51,4	88	71,4
14	12,2	39	32,2	64	52,2	89	72,2
15	13	40	33	65	53	90	73
16	13,8	41	33,8	66	53,8	91	73,8
17	14,6	42	34,6	67	54,6	92	74,6
18	15,4	43	35,4	68	55,4	93	75,4
19	16,2	44	36,2	69	56,2	94	76,2
20	17	45	37	70	57	95	77
21	17,8	46	37,8	71	57,8	96	77,8
22	18,6	47	38,6	72	58,6	97	78,6
23	19,4	48	39,4	73	59,4	98	79,4
24	20,2	49	40,2	74	60,2	99	80,2
25	21	50	41	75	61	100	81

Fadenraupe

Das überstehende Ende der Overlocknaht nennt man Fadenraupe. Diese kannst du entweder gut verknoten und abschneiden oder sie mithilfe einer Nadel in die Naht einziehen.

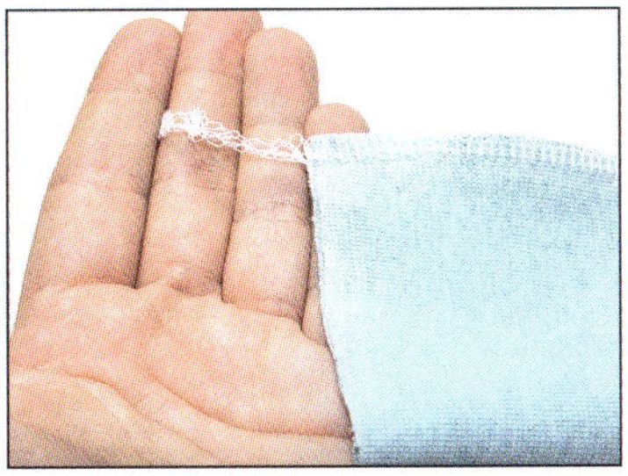

Knopfleiste nähen

Wenn du eine Knopfleiste nähen möchtest, arbeite wie folgt:
Füge am Schnittteil 3 cm an der Vorderkante hinzu.
Bügle dort auf die linke Stoffseite einen 3 cm breiten Streifen Bügelvlies nach Herstellerangaben auf, damit die Knöpfe später den Stoff nicht ausreißen.
Je nach Stoff empfiehlt es sich, die Vorderkante zu versäubern.
Bügle die Kante anschließend 1,5 cm breit nach innen.
Damit sie nicht verrutscht, kannst du gerne oben und unten eine Klammer stecken.
Nähe zunächst die Schulternähte deines Nähstückes rechts auf rechts zusammen.
Das Halsbündchen misst du wie zuvor beschrieben aus. Lege dieses in der Höhe halbiert rechts auf rechts und schließe die kurzen Seitennähte. Wende es auf rechts.
Markiere die Mitte des Halsbündchens. Diese trifft nun rechts auf rechts auf die hintere Mitte des Halsausschnittes deines Kleidungsstücks.
Das Bündchen endet auf beiden Seiten jeweils an der Bügelkante.
Stecke das Bündchen rundherum fest.
Klappe die Knopfleiste rechts auf rechts über das Bündchen und fixiere sie.
Nähe das Halsbündchen unter leichtem, gleichmäßigem Zug fest.
Wendest du die Knopfleiste nun auf rechts, hast du sowohl außen als auch innen einen sauberen Abschluss.

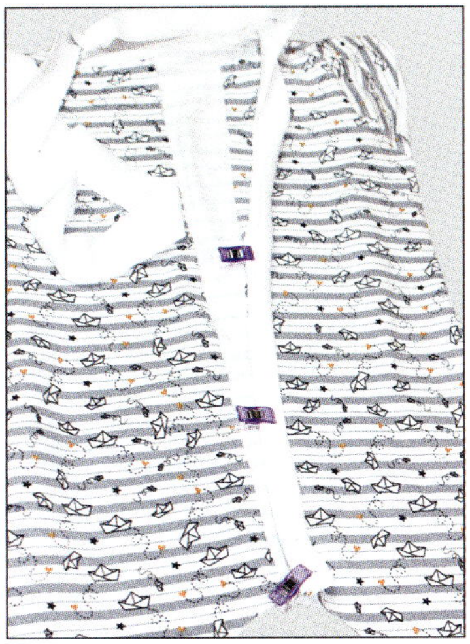

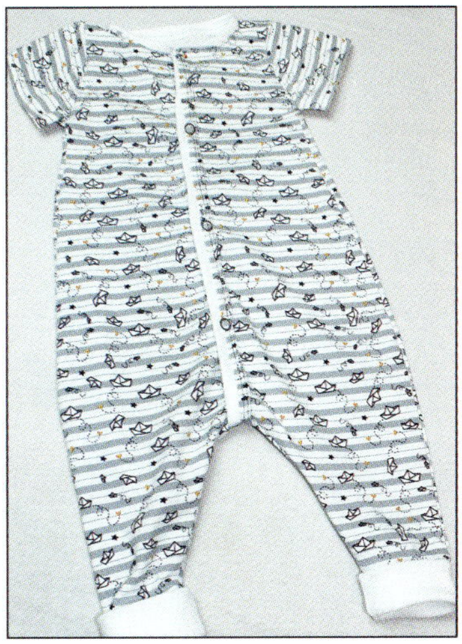

Projekte

Hakoon

Body mit amerikanischem Ausschnitt und langen Ärmeln

Größe: 44+, 50/56, 62/68, 74/80, 80/86

Der Body Hakoon wird mit eingefassten Ausschnittkanten genäht.

Material

- Baumwolljersey 140 cm breit, 40/40/45/50/50 cm
- Bündchenware 45 cm im Schlauch
- Jerseydruckknöpfe 2/2/2/3/3 Stück

Zuschneiden

Baumwolljersey

- 1 x Vorderteil
- 1 x Rückteil
- 2 x Ärmel

Bündchenware

- 2 x Halsausschnitt
- 1 x Knöpfung

Bogen B

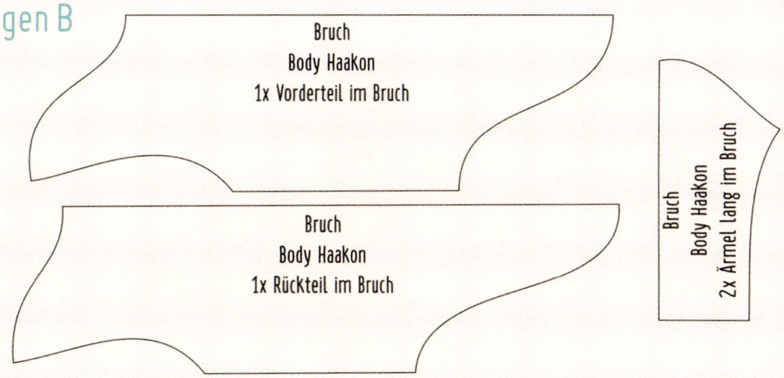

Nähen

1 Fasse zuerst die oberen und unteren Kanten von Vorder- und Rückteil ein. Wichtig: Bei der Innenrundung wird das Bündchen leicht gedehnt. Bei den Außenrundungen wird der Bodystoff leicht gedehnt und das Bündchen etwas gestaucht, bei geraden Strecken wird glatt angenäht.

2 Nimm zuerst einen Bündchenstreifen und nähe ihn mit seiner rechten auf der linken Stoffseite an die oberen Kanten des Rückteils.

3 Wende das Rückteil, rechte Stoffseite liegt oben, klappe die offene Kante des Bündchenstreifens in Richtung Naht bis an die Schnittkante.

4 Falte anschließend den Streifen nochmals so weit um, dass die Bruchkante knapp über der Ansatznaht liegt. Steppe die Bruchkante knappkantig fest. *(s. Absteppen)*

5 Lege die obere Kante des Rückteils entsprechend der Schnittmarkierung links auf rechts auf das Vorderteil – sodass ein Teil überlappend ist – und fixiere am Armausschnitt die doppelt liegenden Schnittkanten aufeinander.

6 Markiere an einem Ärmel an der Armkugel die Mitte. Stecke den Ärmel rechts auf rechts an den Armausschnitt – die Mitte der Armkugel trifft auf die Mitte des Armausschnitts – und nähe ihn fest.

7 Lege Vorder- und Rückteil wieder rechts auf rechts, den Ärmel längs rechts auf rechts zur Hälfte. Schließe die Arm- und Seitennaht durchgehend in einem Schritt.

8 Bringe nun im Schritt das Bündchen ringsherum an und steppe es im Anschluss knappkantig ab.

9 Bringe auf der Einfassblende an der Schritt-Öffnung die Druckknöpfe, je nach Größe zwei oder drei, laut Herstellerangaben an.

10 Nun nur noch die Ärmel knappkantig absteppen mit einem elastischen Stich.

Hanny

Body mit amerikanischem Ausschnitt und kurzen Ärmeln

Größe: 44+, 50/56, 62/68, 74/80, 80/86

Der Body Hanny wird mit eingefassten Ausschnittkanten genäht.

Material

- Baumwolljersey 140 cm breit, 40/40/45/50/50
- Bündchenware 45 cm im Schlauch
- Jerseydruckknöpfe 2/2/2/3/3

Zuschneiden

Baumwolljersey

- 1x Vorderteil
- 1x Rückteil
- 2x Ärmel

Bündchenware

- 2x Halsausschnitt
- 1x Knöpfung

Bogen B

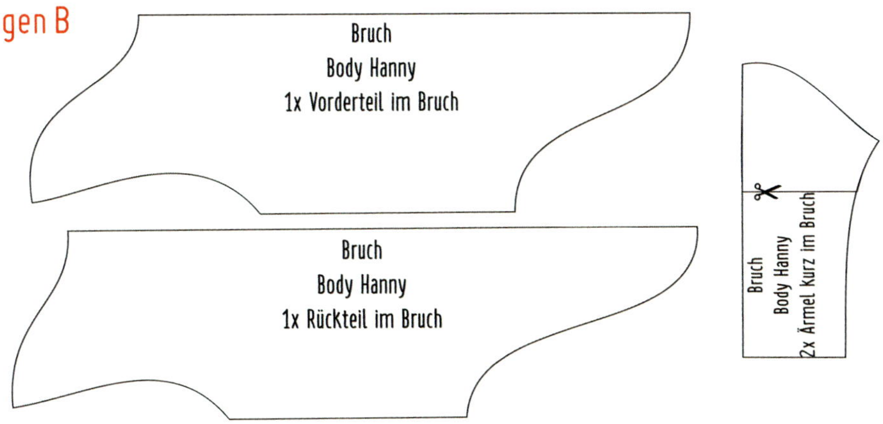

Nähen

1 Fasse zuerst die oberen und unteren Kanten von Vorder- und Rückteil ein. Wichtig: Bei der Innenrundung wird das Bündchen leicht gedehnt. Bei den Außenrundungen wird der Bodystoff leicht gedehnt und das Bündchen etwas gestaucht, bei geraden Strecken wird glatt angenäht.

2 Nimm zuerst einen Bündchenstreifen und nähe ihn mit seiner rechten auf der linken Stoffseite an die oberen Kanten des Rückteils.

3 Wende das Rückteil – rechte Stoffseite liegt oben –, klappe die offene Kante des Bündchenstreifens in Richtung Naht bis an die Schnittkante.

4 Falte anschließend den Streifen nochmals so weit um, dass die Bruchkante knapp über der Ansatznaht liegt. Steppe die Bruchkante knappkantig fest. *(s. Absteppen)*

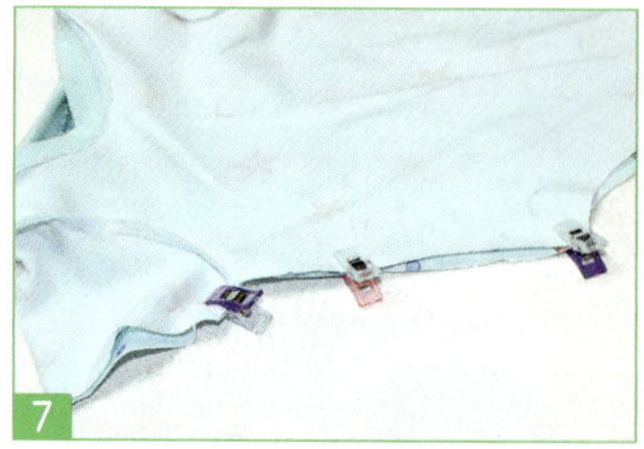

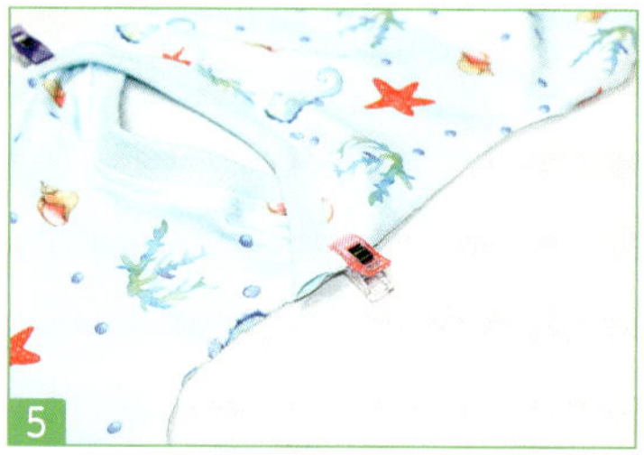

5 Lege die obere Kante des Rückteils entsprechend der Schnittmarkierung rechts auf rechts auf das Vorderteil, sodass ein Teil überlappend ist. Fixiere am Armausschnitt die doppelt liegenden Schnittkanten aufeinander.

6 Markiere an einem Ärmel an der Armkugel die Mitte. Stecke den Ärmel rechts auf rechts an den Armausschnitt – die Mitte der Armkugel trifft auf die Mitte des Armausschnitts – und nähe ihn fest.

7 Lege Vorder- und Rückteil wieder rechts auf rechts, den Ärmel längs rechts auf rechts zur Hälfte. Schließe die Arm- und Seitennaht durchgehend in einem Schritt.

8 Bringe nun im Schritt das Bündchen ringsherum an und steppe es im Anschluss knappkantig ab.

9 Bringe auf der Einfassblende an der Schritt-Öffnung die Druckknöpfe – je nach Größe zwei oder drei – laut Herstellangaben an.

10 Nun nur noch die Ärmelsaumkante knappkantig absteppen mit einem elastischen Stich.

RAINBOW

Emil

Wickelbody

Größe: 40+/46, 50/56, 62/68, 74/80, 86/92

Eine schnelle Sache für die Kleinen, am Anfang sind die Wickelbodys ein Muss.

Material

- Baumwolljersey 140 cm breit, 35/40/40/45/50
- Bündchenware 45 cm im Schlauch
- Jerseydruckknöpfe 2/2/3/3/3

Zuschneiden

Baumwolljersey

- 1x Wickelbody
- 2x Ärmel

Bündchenware

- 1x Saum

Bogen D

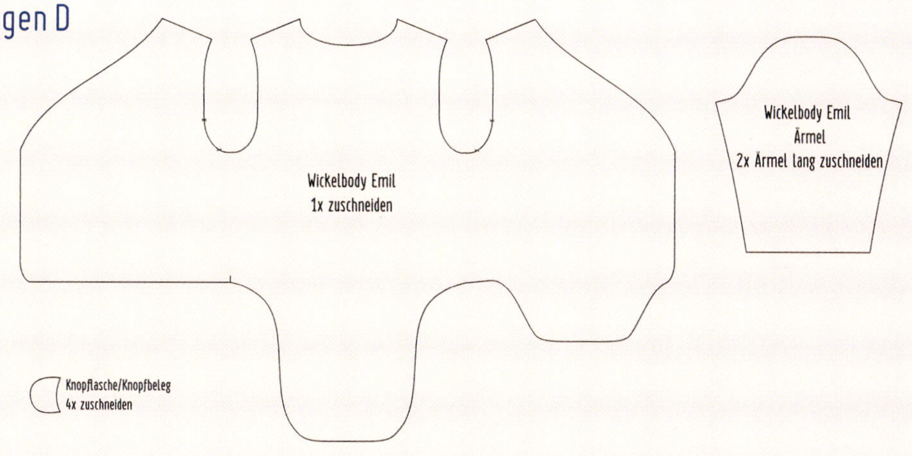

Nähen

1 Klappe die Vorderteile rechts auf rechts auf das Rückteil und schließe die Schulternähte.

2 Schließe als nächsten Schritt von den Ärmeln die Seitennaht.

3 Säume nun die Ärmelenden knappkantig mit einem elastischen Stich ab.

4 Markiere dir nun von den Ärmeln die Mitte und stecke diese an die Mitte der Armkugel, als nächstes nähst du den Ärmel an das Armloch an.

5 Bringe nun die Einfassblende an die Öffnung des Wickelbodys an. Nun noch einmal die Einfassblende bügeln und knappkantig absteppen.

6 Bringe nun jeweils innen 2 Knöpfe an, einmal an der Innenseite und am Rückteil, des Weiteren kommen noch 3 Knöpfe an die Außenseite und an den Schritt.

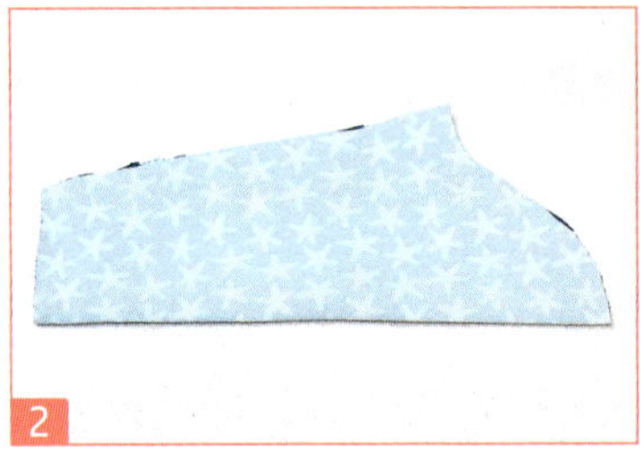

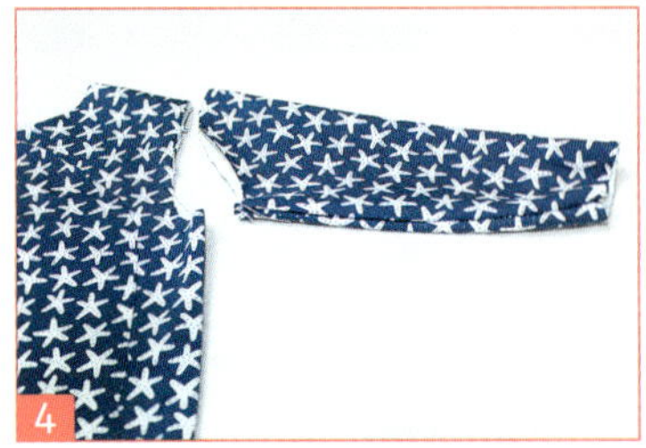

RAINBOW

Essie

Wickelbody

Größe: 40+/46, 50/56, 62/68, 74/80, 86/92

Super bequem, praktisch und einfach schick: der kurzärmelige Wickelbody Essie.

Material

- Baumwolljersey 140 cm breit, 35/40/40/45/50
- Bündchenware 45 cm im Schlauch
- Jerseydruckknöpfe 2/2/3/3/3

Zuschneiden

Baumwolljersey

- 1x Wickelbody
- 2x Ärmel

Bündchenware

- 1x Saum

Bogen D

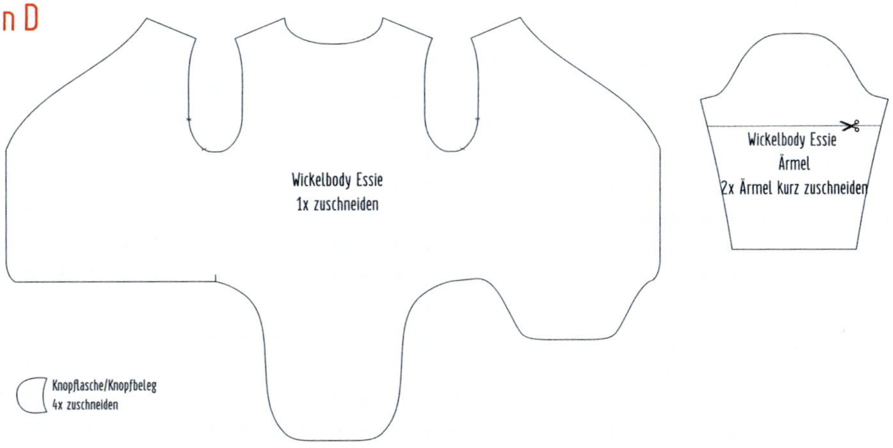

Nähen

1 Klappe die Vorderteile rechts auf rechts auf das Rückteil und schließe die Schulternähte.

2 Säume nun die Ärmelenden knappkantig mit einem elastischen Stich ab.

3 Schließe als nächsten Schritt von den Ärmeln die Seitennaht.

4 Markiere dir nun von den Ärmeln die Mitte, und stecke diese an die Mitte der Armkugel, als nächstes nähst du den Ärmel an das Armloch an.

5 Bringe nun die Einfassblende an die Öffnung des Wickelbodys an.

6 Bringe nun jeweils innen 2 Knöpfe an, einmal an der Innenseite und am Rückteil, des Weiteren kommen noch 3 Knöpfe an die Außenseite und an den Schritt.

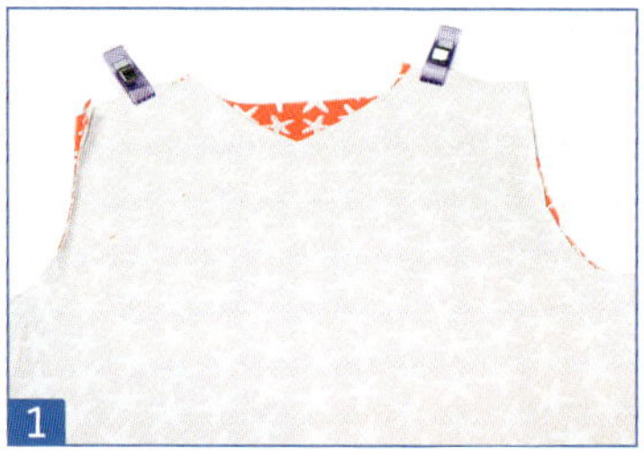

1

4a

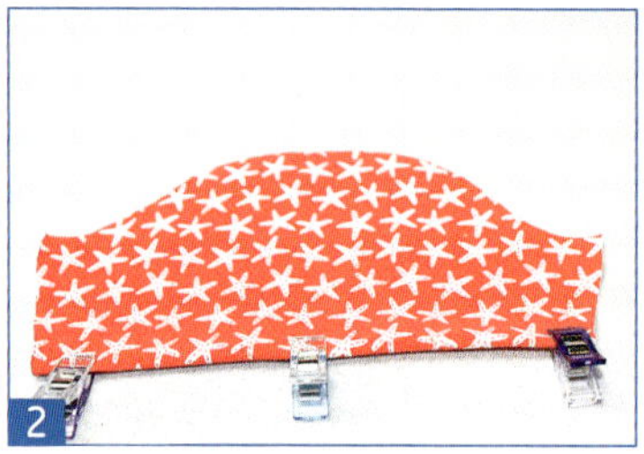

2

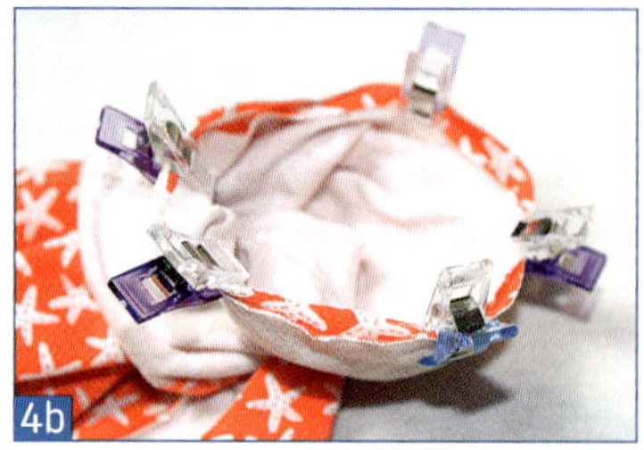

4b

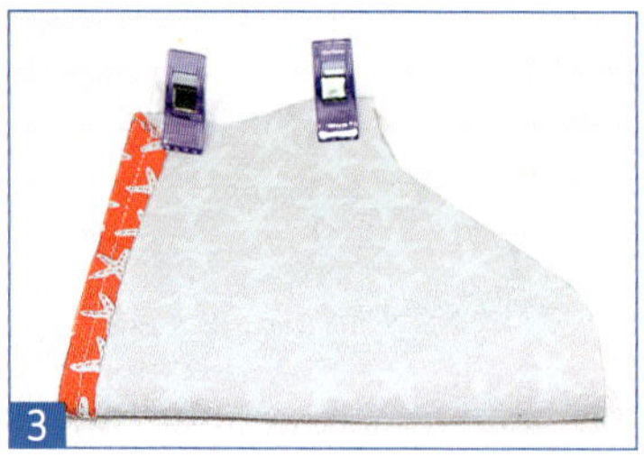

3

Casper

Shirt mit kurzen Ärmeln

Größe: 44+, 50/56, 62/68, 74/80, 86/92

Für schöne Panel-Stoffe ist der schlichte Schnitt des Shirts Casper mit kurzen Ärmeln ideal für den Sommer.

Material

- Baumwolljersey 150 cm breit, 30/40/40/50/50 cm
- Bündchenware 45 cm breit im Schlauch, 10 cm

Zuschneiden

Baumwolljersey gemustert

- 1x Vorderteil im Bruch
- 1x Rückteil im Bruch
- 2x Ärmel im Bruch

Bündchenware

- 1x Halsbündchen, für die Maße siehe Ausschnitt Bündchen

Bogen D

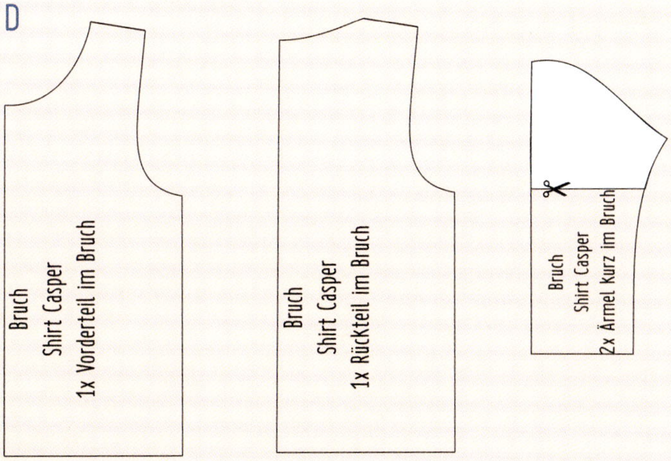

Nähen

1 Lege Vorderteil und Rückteil rechts auf rechts und schließe die Schulternähte.

2 Markiere bei der Ärmelkugel die Mitte, diese trifft am Ärmelausschnitt rechts auf rechts auf die Schulternaht. Stecke von dort ausgehend den Ärmel nach rechts und links fest. Nähe diese Naht.

3 Lege das Vorderteil wieder rechts auf rechts auf das Rückteil, die Ärmel rechts auf rechts längs zur Hälfte und schließe die Ärmel- und Seitennaht durchgehend. Achte bei der Ärmel-Ansatznaht darauf, dass die Nahtzugaben in entgegengesetzte Richtungen zeigen, damit die Nahtstelle nicht zu dick ist.

4 Versäubere den unteren Shirt-Rand. Lege die Saumzugabe nach links und steppe den Umschlag einmal oder mehrmals fest. Säume ebenso die unteren Ärmelkanten.

5 Nähe das Bündchen zur Rundung und achte darauf, dass die Bündchennaht an einer Schulternaht liegt.

1

4

2

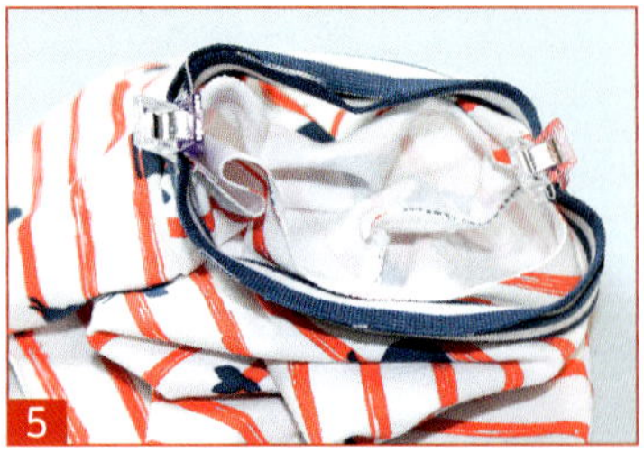
5

3

Caja

Shirt mit langen Ärmeln

Größe: 44+, 50/56, 62/68, 74/80, 86/92

Für schöne Panel-Stoffe ist der schlichte Schnitt des Shirts Caja mit langen Ärmeln ideal für die Übergangszeit oder den Winter.

Material

- Baumwolljersey 150 cm breit, 30/40/40/50/50
- Bündchenware 45 cm breit im Schlauch, 10 cm

Zuschneiden

Baumwolljersey gemustert

- 1x Vorderteil im Bruch
- 1x Rückteil im Bruch
- 2x Ärmel im Bruch

Bündchenware

- 1x Halsbündchen, für die Maße siehe Ausschnitt Bündchen

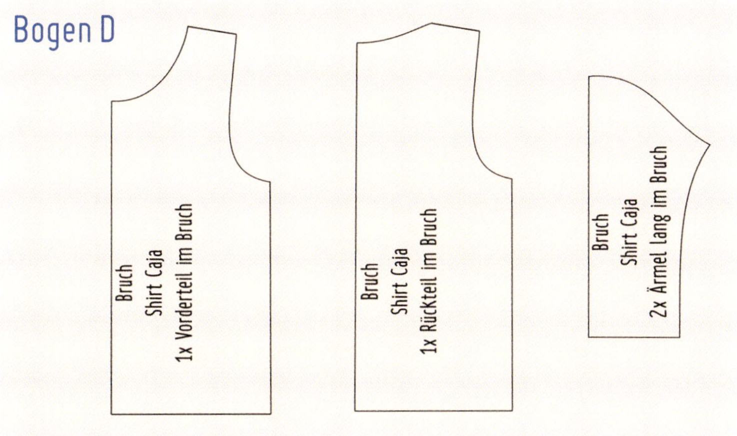

Nähen

1 Lege Vorderteil und Rückteil rechts auf rechts und schließe die Schulternähte.

2 Markiere bei der Ärmelkugel die Mitte, diese trifft am Ärmelausschnitt rechts auf rechts auf die Schulternaht. Stecke von dort ausgehend den Ärmel nach rechts und links fest. Nähe diese Naht.

3 Lege das Vorderteil wieder rechts auf rechts auf das Rückteil, die Ärmel rechts auf rechts längs zur Hälfte und schließe die Ärmel- und Seitennaht durchgehend. Achte bei der Ärmel-Ansatznaht darauf, dass die Nahtzugaben in entgegengesetzte Richtungen zeigen, damit die Nahtstelle nicht zu dick ist.

4 Versäubere den unteren Shirt-Rand. Lege die Saumzugabe nach links …

1

2

3

4

5

6

7

5 … und steppe den Umschlag einmal oder mehrmals fest.

6 Säume ebenso die unteren Ärmelkanten.

7 Nähe das Bündchen zur Rundung und achte darauf, dass die Bündchennaht an einer Schulternaht liegt.

Ellin

Wickelshirt

Größe: 40/44, 50/56, 62/68, 74/80, 86/92

Wenn es schnell gehen muss, klappt das mit den Wickelshirts einfach super.

Material

- Sommersweat 140 cm breit, 30/35/40/50/50
- Bündchenware im Schlauch
- 4x Bänder
- Jerseydruckknöpfe 2/3/3/4/4

Zuschneiden

Baumwollsommersweat

- 2x Vorderteil (gegengleich)
- 1x Rückteil im Bruch
- 2x Ärmel im Bruch

Bündchenware

- 2x Ärmel
- 1x Umrandung

Bogen D

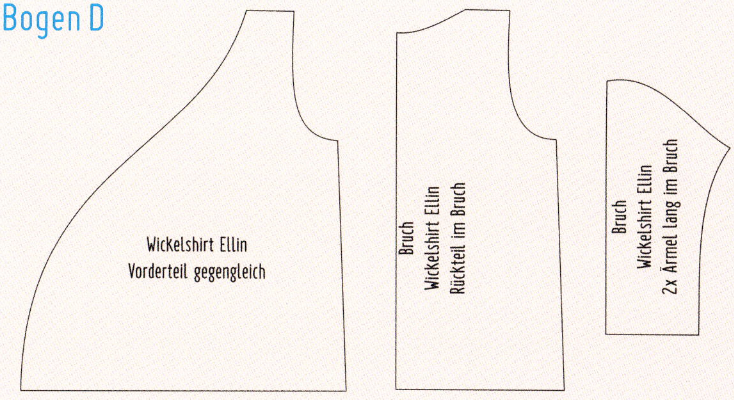

Nähen

1 Die beiden Vorderteile rechts auf rechts auf das Rückteil und die Schulternaht schließen.

2 Markiere bei der Ärmelkugel die Mitte, diese trifft am Ärmelausschnitt rechts auf rechts auf die Schulternaht. Stecke von dort ausgehend den Ärmel nach rechts und links fest. Nähe diese Naht.

3 Nimm dir nun die 4 Bänder und lege sie je 5 cm voneinander auf die vordere Seite sowie auf die innere Seite vom Rückteil und markiere dir die Stellen.

4 Lege nun Vorder- und Rückteil rechts auf rechts – pass auf, dass du die Bänder mit einnähst – und schließe die Seiten sowie die Ärmelnaht in einem Rutsch.

5 Als nächsten Schritt wird das Bündchen einmal längs des Vorder-, Rück- und Bauchteils entlang eingefasst. Nachdem der Schritt getan ist, knappkantig mit absteppen.

1

4b

2

5

3

6

4a

7

6 Nun noch die Drückknopfe nach Herstellerangaben anbringen und die Bänder zusammenbinden.

7 Am Ende noch die Armbündchen anbringen, und fertig ist die Wickeljacke.

Laris

Mütze

Kopfweite + Größe: 33–37, 38–41, 42–46, 47–51, 52–54 cm

Die süße Mütze ist ein Hingucker und gefüttert auch für die kalten Monate geeignet.

Material

- Baumwolljersey 140 cm breit 20/25/25/30/30

Zuschneiden

Baumwolljersey

- 2x Mütze (1x gegengleich)
- 2x Beleg (1x gegengleich)
- 3x Jerseystreifen 15 x 1 cm

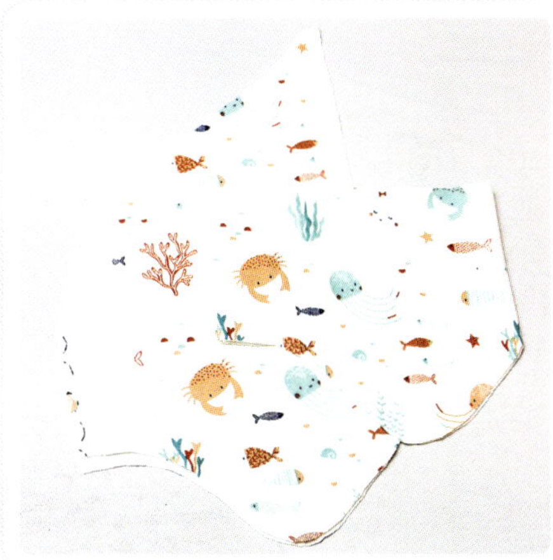

Bogen B

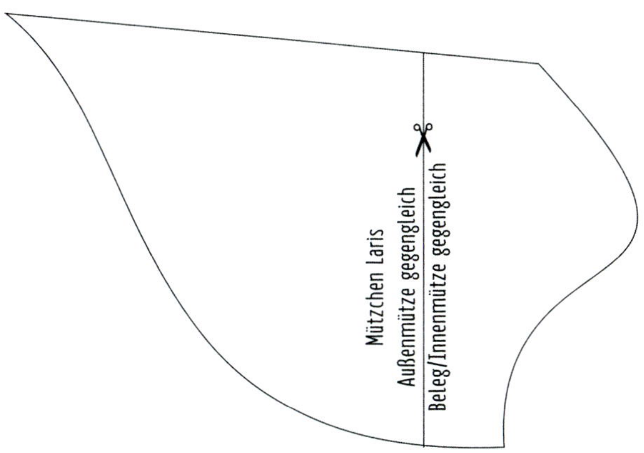

Nähen

1 Lege die beiden Außenteile der Mütze rechts auf rechts aufeinander und nähe die Seitennähte zusammen.

2 Wiederhole dies mit den beiden Belegen der Mütze, für den Innenteil.

3 Versäubere nun die obere Kante des Belegs und lege den Beleg rechts auf rechts auf den Außenteil der Mütze, sowie die Jerseystreifen an den Zipfel der Mütze und schließe die Gesichtsnaht.

4 Stülpe den Beleg in den Außenteil der Mütze und steppe den Gesichtsbereich knappkantig ab.

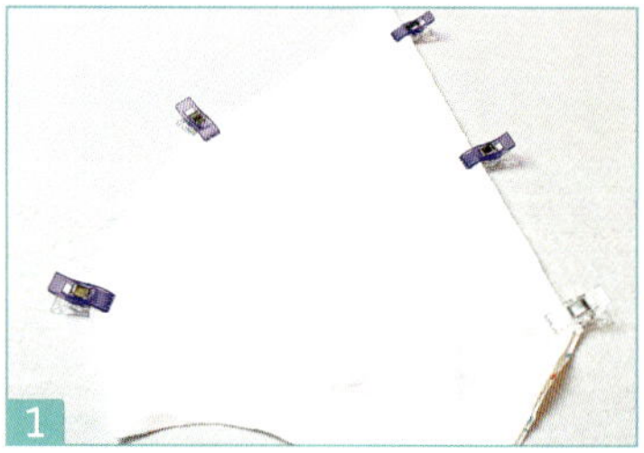

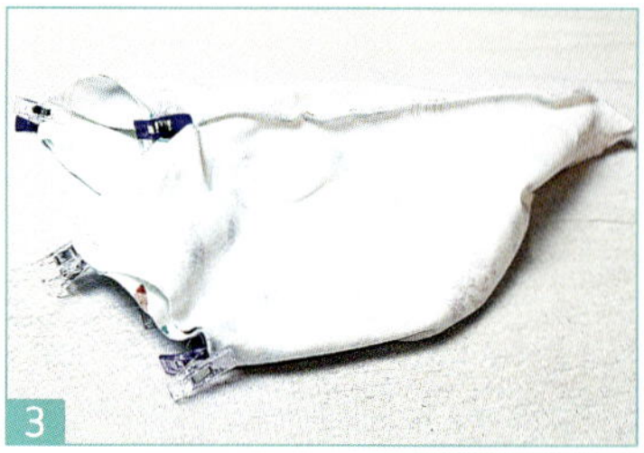

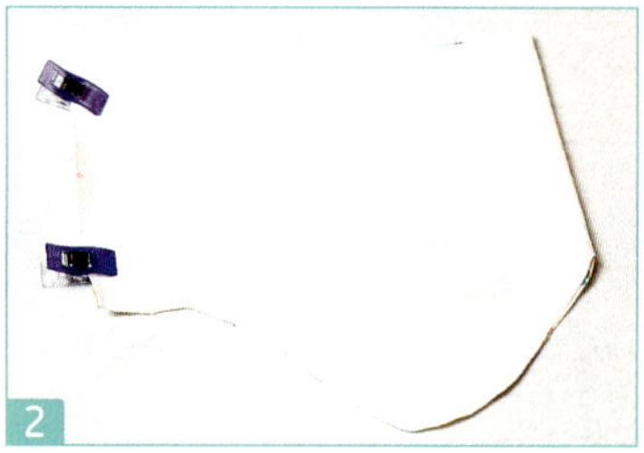

Bendik

Strampler

Größe: 40+, 50/56, 62/68, 74/80, 86/92

Ein Muss für jedes Baby und immer im Trend ist ein schöner Strampler, egal ob aus Jersey oder Sweat.

Material

- Baumwolljersey 140 cm breit, 50/55/60/65/70 cm
- Bündchenware 15 cm im Schlauch
- Jerseydruckknöpfe 2 Stück

Zuschneiden

Baumwolljersey

- 1x Vorderteil im Bruch
- 1x Rückteil im Bruch
- 1x Beleg hinten im Bruch
- 1x Beleg vorne im Bruch

Bündchenware

- 2x Beinbündchen

Bogen C

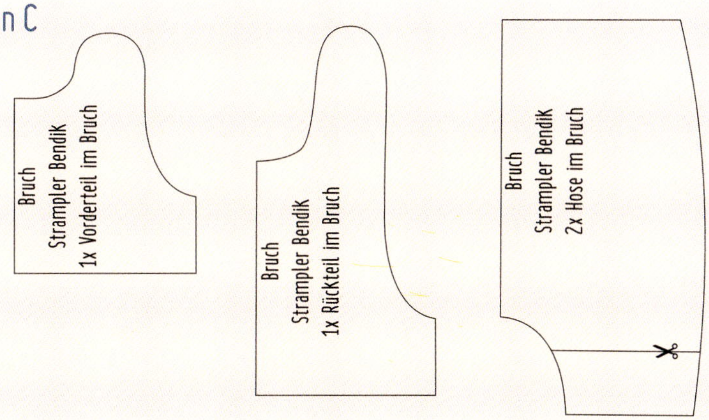

Nähen

1 Lege das Vorderteil rechts auf rechts auf das Rückteil, schließe sowohl die Seitennaht als auch die Innenbeinnaht.

2 Lege den vorderen Beleg rechts auf rechts auf den hinteren Beleg. Fixiere und nähe die Seitenkante. Versäubere die Unterkanten des Beleges.

3 Lege den Beleg rechts auf rechts in den Strampler, sodass die Schulterkanten von Vorder- und Rückteil jeweils deckungsgleich aufeinandertreffen.

4 Nähe alle Ausschnitt- und Schulterkanten, wende die Belege links auf links. Bügle die Kanten im Nahtbruch flach und steppe sie anschließend von rechts knappkantig ab.

5 Bringe die Druckknöpfe nach Herstellerangaben an den Trägern an.

6 Beinbündchen zur Rundung steppen und zur Hälfte falten, nähe nun noch die Beinbündchen an.

1

2a

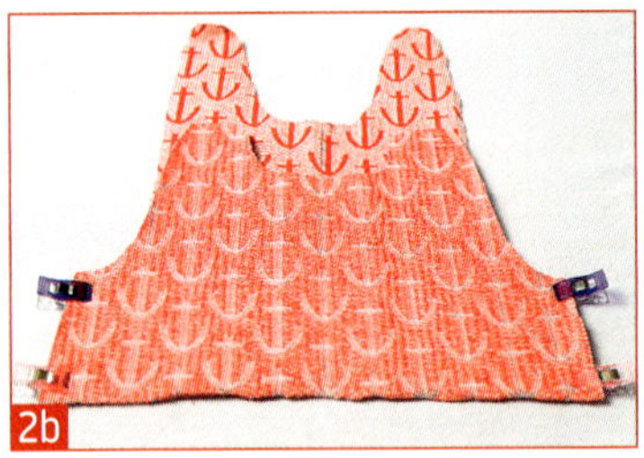
2b

3

4

5

6

Birk

Strampler

Größe: 40+/46, 50/56, 62/68, 74/80, 86/92

Dieser schöne Strampler hat ein längeres Bündchen und ist so perfekt zum Mitwachsen geeignet.

Material

- Baumwolljersey 140 cm breit, 50/55/60/65/70 cm
- Bündchenware 15 cm im Schlauch
- Jerseydruckknöpfe 2 Stück

Zuschneiden

Baumwolljersey

- 1x Vorderteil im Bruch
- 1x Rückteil im Bruch
- 1x Beleg hinten im Bruch
- 1x Beleg vorne im Bruch

Bündchenware

- 2x Beinbündchen

Bogen C

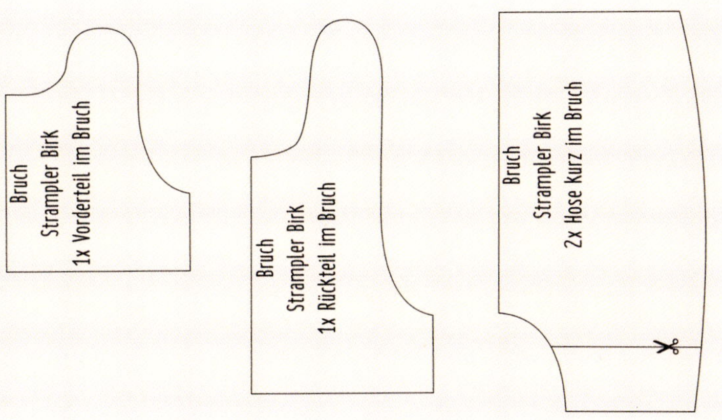

Nähen

1 Lege das Vorderteil rechts auf rechts auf das Rückteil. Schließe sowohl die Seitennaht als auch die Innenbeinnaht.

2 Lege den vorderen Beleg rechts auf rechts auf den hinteren Beleg. Fixiere und nähe die Seitenkante. Versäubere die Unterkanten des Beleges.

3 Lege den Beleg rechts auf rechts in den Strampler, sodass die Schulterkanten von Vorder- und Rückteil jeweils deckungsgleich aufeinandertreffen.

4 Nähe alle Ausschnitt- und Schulterkanten, wende die Belege links auf links. Bügle die Kanten im Nahtbruch flach und steppe sie anschließend von rechts knappkantig ab.

5 Bringe die Druckknöpfe nach Herstellerangaben an den Trägern an.

6 Beinbündchen zur Rundung steppen und zur Hälfte falten. Nähe nun noch die Beinbündchen an.

Bjelle

Strampler mit Kleidchen

Größe: 40+/46, 50/56, 62/68, 74/80, 86/92

Hier kommt eine süße Variante mit kleinem Röckchen.

Material

- Baumwolljersey 140 cm breit, 65/70/75/80/85
- Bündchenware 10 cm im Schlauch
- Jerseydruckknöpfe

Zuschneiden

Baumwolljersey mit Booten

- 2x oberes Vorderteil
- 2x oberes Rückteil
- 1x Vorderteil unten
- 1x Rückteil unten

Baumwolljersey gestreift

- 2x Kleidteil

Bündchenware

- 2x Beinbündchen

Bogen C

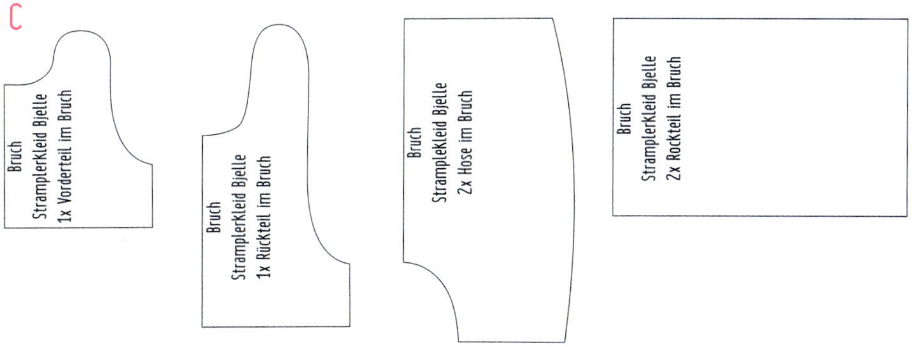

Nähen

1 Je Vorderteil und Rückteil rechts auf rechts an der Seitennaht zusammennähen. Dies wird noch einmal wiederholt.

2 Die beiden Oberteile rechts auf rechts legen. Nähe alle Ausschnitt- und Schulterkanten, wende das Oberteil links auf links. Bügle die Kanten im Nahtbruch flach und steppe sie anschließend von rechts knappkantig ab.

3 Nähe alle Ausschnitt- und Schulterkanten, wende die Belege links auf links. Bügle die Kanten im Nahtbruch flach und steppe sie anschließend von rechts knappkantig ab.

4 Lege nun das untere Vorder- und Rückteil rechts auf rechts und schließe die Seitennähte und die Innenbeinnaht.

5 Lege nun das Rockteil rechts auf rechts und schließe erst einmal nur eine Seitennaht.

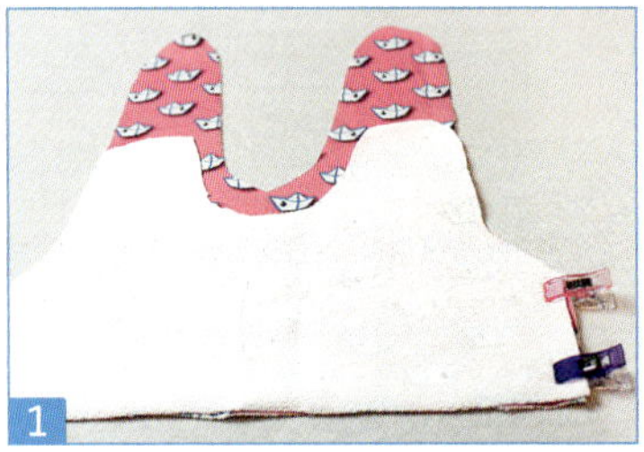
1

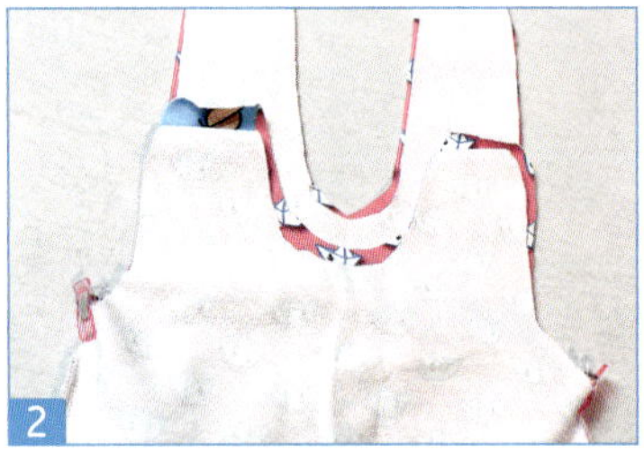
2

3

4

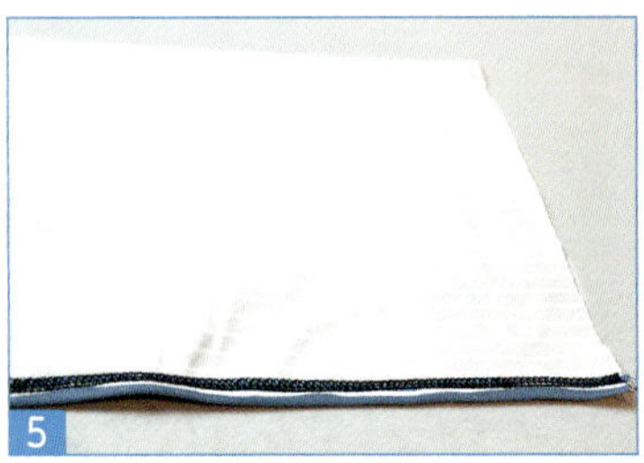
5

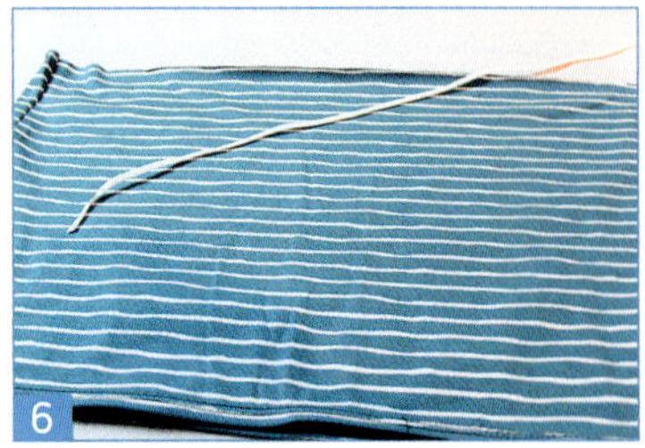
6

8

9

10

6 Ein dünnes Gummiband oder Framilon ist hier empfehlenswert. Schneide dieses in der gemessenen Länge zu und nähe es unter gleichmäßigem Zug auf der rechten Stoffseite auf die Nahtzugabe der Oberkante des Rockteils.

7 Nähe nun das Rockteil auf der anderen Seite zu.

8 Nun wird noch die Unterkante des Rockes abgesteppt.

9 Lege nun alle Teile zusammen und stecke diese fest. Ober-, Rock- und Unterteil und alle Teile mit einem elastischen Stich verbinden.

10 Schließe die Beinbündchen rechts auf rechts zu einem Ring. Klappe die Bündchen in der Höhe halbiert links auf links und stülpe sie dann rechts auf rechts über den Beinabschluss, sodass alle drei offenen Kanten übereinander liegen. Schließe die Naht, indem du das Bündchen leicht dehnst. Bringe dann die Druckknöpfe an die Schulterträger an.

UND3R
DRESSED

Blomma

Strampler mit amerikanischem Ausschnitt

Größe: 40+/46, 50/56, 62/68, 74/80, 86/92

Ein süßer Jumper mit amerikanischem Ausschnitt und Knopfleiste im Schritt; hier mit kurzen Ärmeln.

Material

- Baumwolljersey 140 cm breit, 40/40/50/55/60 cm
- Bündchenware 45 cm im Schlauch
- Jerseydruckknöpfe 4/4/5/5/6

Zuschneiden

Baumwolljersey

- 1x Rückteil im Bruch
- 1x Vorderteil

Bündchenware

- 2x Armbündchen
- 2x Beinbündchen
- 2x Halsausschnitt

Bogen C

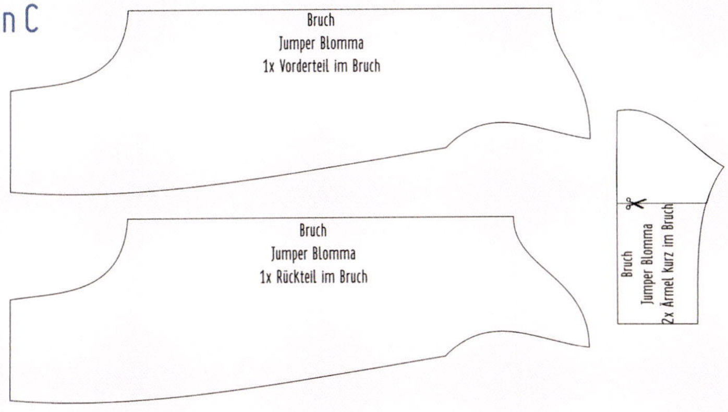

Nähen

1 Fasse zuerst die oberen Kanten von Vorder- und Rückteil ein. Wichtig: Bei der Innenrundung wird das Bündchen leicht gedehnt. Bei den Außenrundungen wird der Bodystoff leicht gedehnt und das Bündchen etwas gestaucht, bei geraden Strecken wird glatt angenäht. Nimm zuerst einen Bündchenstreifen und nähe ihn mit seiner rechten auf der linken Stoffseite an die oberen Kanten des Rückteils.

2 Wende das Rückteil (rechte Stoffseite liegt oben). Klappe die offene Kante des Bündchenstreifens in Richtung Naht bis an die Schnittkante.

3 Falte anschließend den Streifen nochmals so weit um, dass die Bruchkante knapp über der Ansatznaht liegt. Steppe die Bruchkante knappkantig fest. *(s. Absteppen)*

4 Lege die obere Kante des Rückteils entsprechend der Schnittmarkierung links auf rechts auf das Vorderteil – sodass ein Teil überlappend ist – und fixiere am Armausschnitt die doppelt liegenden Schnittkanten aufeinander.

1

5

3

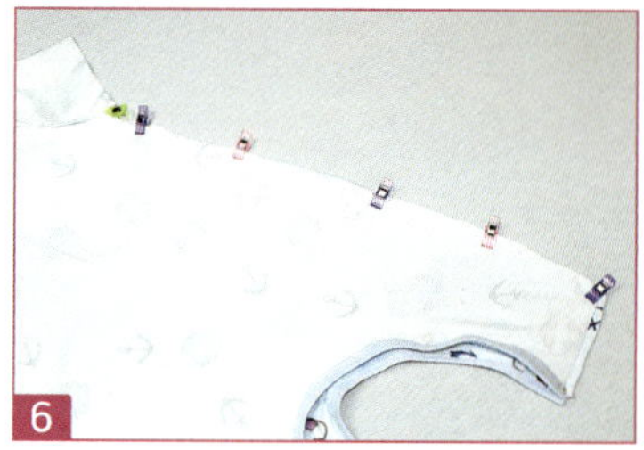
6

4

7

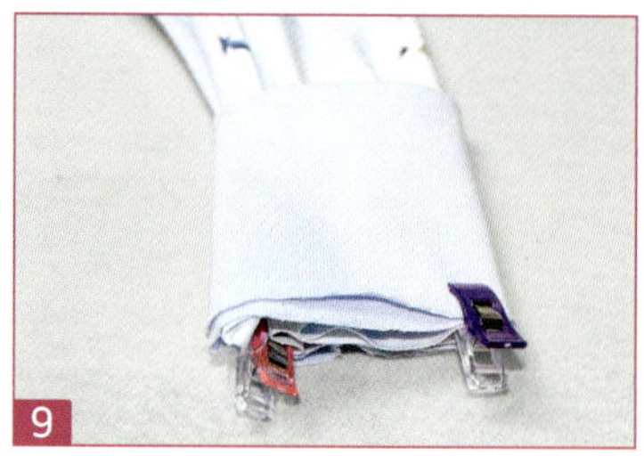
9

5 Markiere bei der Ärmelkugel die Mitte, diese trifft am Ärmelausschnitt rechts auf rechts auf die Schulternaht. Stecke von dort ausgehend den Ärmel nach rechts und links fest. Nähe diese Naht.

6 Lege Vorder- und Rückteil wieder rechts auf rechts, den Ärmel längs rechts auf rechts zur Hälfte. Schließe die Arm- und Seitennaht durchgehend in einem Schritt.

7 Bringe nun im Schritt das Bündchen ringsherum an und steppe es im Anschluss knappkantig ab.

8 Bringe auf der Einfassblende an der Schritt-Öffnung die Druckknöpfe – je nach Größe 3 oder mehr – laut Herstellerangaben an.

9 Schließe die Beinbündchen und Armbündchen rechts auf rechts zu einem Ring. Klappe die Bündchen in der Höhe halbiert links auf links und stülpe sie dann rechts auf rechts über den Bein- und Armabschluss, sodass alle drei offenen Kanten übereinander liegen. Schließe die Naht, indem du das Bündchen leicht dehnst.

Bo

Strampler mit amerikanischem Ausschnitt

Größe: 40+/46, 50/56, 62/68, 74/80, 86/92

Ein süßer Jumper mit amerikanischem Ausschnitt und Knopfleiste im Schritt, hier mit langen Ärmeln.

Material

- Baumwolljersey 140 cm breit, 40/40/50/55/60 cm
- Bündchenware 45 cm im Schlauch
- Jerseydruckknöpfe 4/4/5/5/6

Zuschneiden

Baumwolljersey

- 1x Rückteil im Bruch
- 2x Vorderteil (gegengleich)

Bündchenware

- 2x Armbündchen
- 2x Beinbündchen
- 2x Halsausschnitt

Bogen C

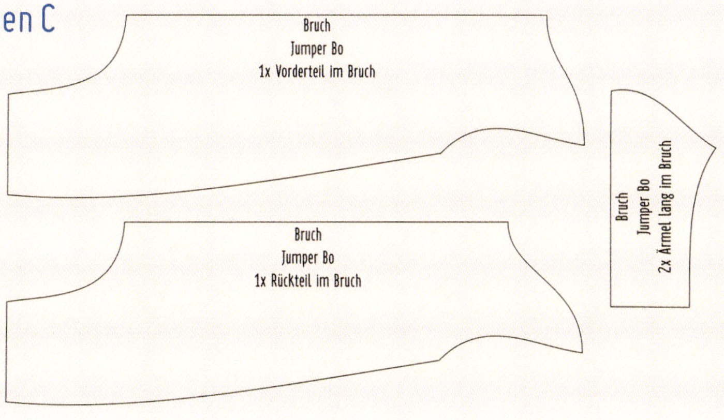

Nähen

1 Fasse zuerst die oberen Kanten von Vorder- und Rückteil ein. Wichtig: Bei der Innenrundung wird das Bündchen leicht gedehnt. Bei den Außenrundungen wird der Bodystoff leicht gedehnt und das Bündchen etwas gestaucht, bei geraden Strecken wird glatt angenäht. Nimm zuerst einen Bündchenstreifen und nähe ihn mit seiner rechten auf der linken Stoffseite an die oberen Kanten des Rückteils.

2 Wende das Rückteil, die rechte Stoffseite liegt oben, klappe die offene Kante des Bündchenstreifens in Richtung Naht bis an die Schnittkante.

3 Falte anschließend den Streifen nochmals so weit um, dass die Bruchkante knapp über der Ansatznaht liegt. Steppe die Bruchkante knappkantig fest. *(s. Absteppen)*

4 Lege die obere Kante des Rückteils entsprechend der Schnittmarkierung links auf rechts auf das Vorderteil – sodass ein Teil überlappend ist – und fixiere am Armausschnitt die doppelt liegenden Schnittkanten aufeinander.

1

3

4

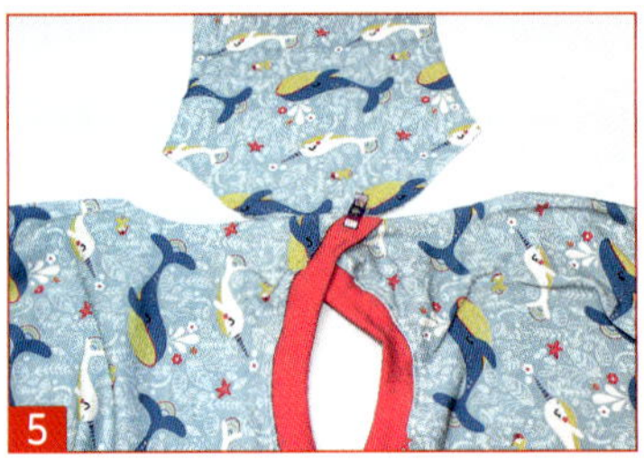
5

6

7

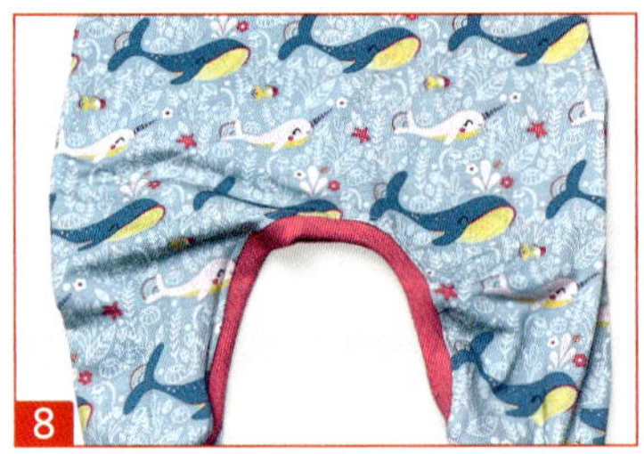
8

5 Markiere bei der Ärmelkugel die Mitte, diese trifft am Ärmelausschnitt rechts auf rechts auf die Schulternaht. Stecke von dort ausgehend den Ärmel nach rechts und links fest. Nähe diese Naht.

6 Lege Vorder- und Rückteil wieder rechts auf rechts, den Ärmel längs rechts auf rechts zur Hälfte. Schließe die Arm- und Seitennaht durchgehend in einem Schritt.

7 Bringe nun im Schritt das Bündchen ringsherum an und steppe es im Anschluss knappkantig ab.

8 Bringe auf der Einfassblende an der Schritt-Öffnung die Druckknöpfe – je nach Größe 3 oder mehr – laut Herstellangaben an.

9 Schließe die Beinbündchen und Armbündchen rechts auf rechts zu einem Ring. Klappe die Bündchen in der Höhe halbiert links auf links und stülpe sie dann rechts auf rechts über den Bein- und Armabschluss, sodass alle drei offenen Kanten übereinander liegen. Schließe die Naht, indem du das Bündchen leicht dehnst.

Fia

Strampler mit Trägern

Größe: 40+/46, 50/56, 62/68, 74/80, 86/92

Ein Strampler mit angenähten Trägern, wie eine kleine Latzhose – auch perfekt mit den angenähten Schühchen Fillip.

Material

- Baumwolljersey 140 cm breit, 35/35/40/45/50
- Bündchenware 45 cm im Schlauch
- Jerseydruckknöpfe 2x

Zuschneiden

Baumwolljersey

- 1x Vorderteil im Bruch
- 1x Rückteil im Bruch
- 1x hinterer Beleg im Bruch
- 1x vorderer Beleg im Bruch
- 4x Träger (2x gegengleich)

Bündchenware

- 2x Beinbündchen

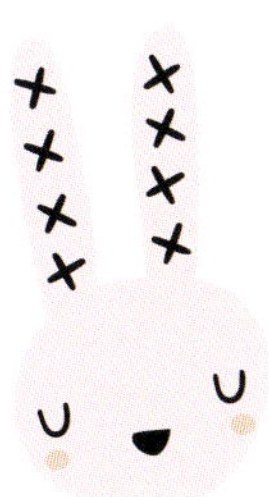

Bogen A

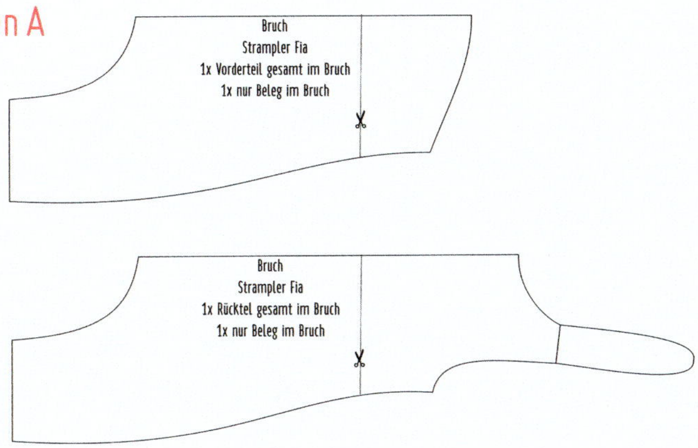

Nähen

1 Lege Vorderteil und Rückteil rechts auf rechts und schließe die Seiten- und die Beinnaht.

2 Lege die beiden Träger rechts auf rechts aufeinander, schließe die Seitennähte und wende diese auf links.

3 Lege die beiden Belege rechts auf rechts und schließe auch hier die Seitennähte.

4 Stecke den Beleg rechts auf rechts in den Strampler und stecke die Träger am Rückteil dazwischen fest.

5 Nähe die komplette Oberkante fest. Bei den kleinen Rundungen der Träger empfiehlt es sich, die normale Nähmaschine zu verwenden, damit du besser um die Rundungen kommst.

1

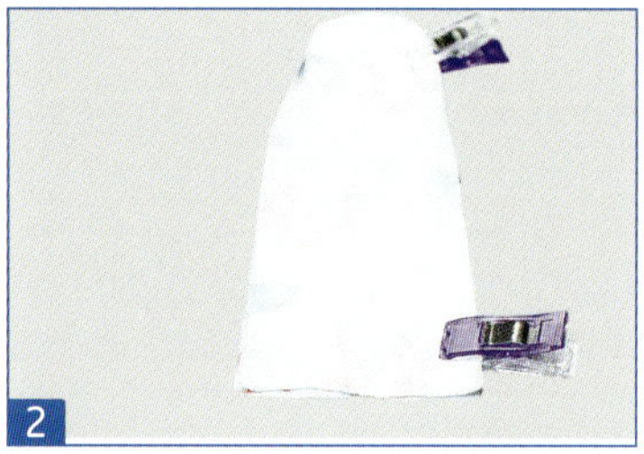
2

3

4

6

7

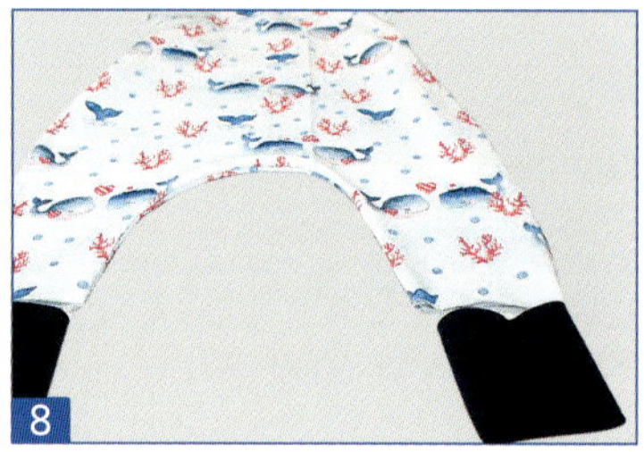
8

6 Wende deinen Strampler auf rechts und steppe die eben geschlossene Naht knappkantig von rechts ab.

7 Bringe nun die Druckknöpfe nach Herstellerangaben an.

8 Schließe die Beinbündchen rechts auf rechts zu einem Ring. Klappe die Bündchen in der Höhe halbiert links auf links und stülpe sie dann rechts auf rechts über den Beinabschluss, sodass alle drei offenen Kanten übereinander liegen. Schließe die Naht, indem du das Bündchen leicht dehnst.

UND3RDRESSED

Helgrid

Tunika mit langen Ärmeln

Größe: 40+, 50/56, 62/68, 74/80, 86/92

Tunika Helgrid hier mit langen Ärmeln, einfach etwas Schönes für jedes Mädchen mit Leggings oder Strumpfhose.

Material

- Bauwolljersey 140 cm breit 30/35/40/45/50 cm
- Bündchenware 10 cm im Schlauch

Zuschneiden

Baumwolljersey

- 1x Vorderteil im Bruch
- 1x Rückteil im Bruch
- 2x Ärmel im Bruch

Bündchenware

- 1x Halsausschnitt
- 2x Ärmelbündchen

Bogen A

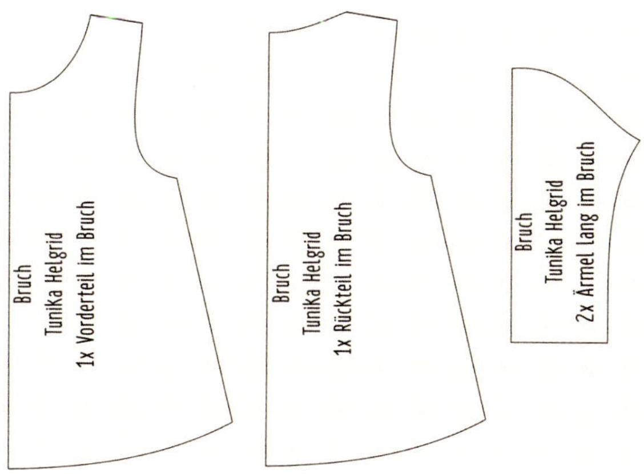

Nähen

1 Lege das Vorderteil rechts auf rechts auf das Rückteil und schließe die Schulternaht.

2 Klappe die Tunika auseinander und markiere bei einem Ärmel an der Armkugel die Mitte. Lege den Ärmel rechts auf rechts an den Ärmelausschnitt, dabei trifft die markierte Mitte auf die Schulternaht. Schließe die Naht.

3 Lege das Vorderteil rechts auf rechts auf das Rückteil und die Ärmel rechts auf rechts längs zur Hälfte. Schließe die Seitennähte und Ärmelnähte in einem Rutsch.

4 Versäubere den unteren Tunika-Rand. Lege die Saumzugabe nach links.

5 Ausschnitt und Ärmelbündchen jeweils zur Rundung steppen und zur Hälfte legen. Nähe das Bündchen an den Halsausschnitt. Achte darauf, dass die Bündchennaht an einer Schulternaht liegt, danach nähst du die Armbündchen an die Ärmel.

1

2

3

4

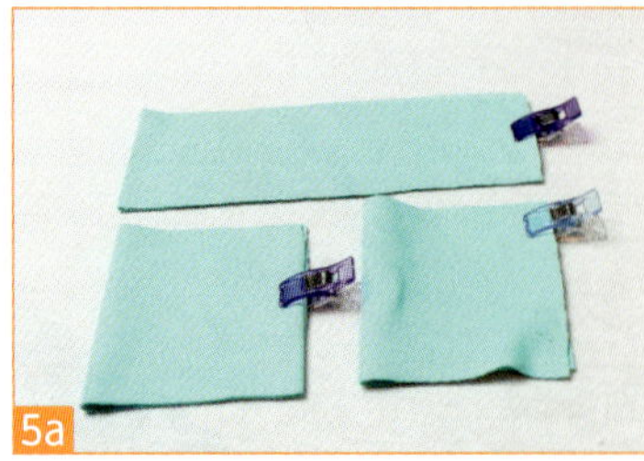
5a

5b

5c

Skadi

Tunika mit kurzen Ärmeln

Größe: 40+, 50/56, 62/68, 74/80, 86/92

Die Tunika Skadi, hier mit langen Ärmeln, mögen Mädchen das ganze Jahr über; wenn's kalt ist, gibt es eben Leggings und Cardigan dazu.

Material

- Baumwolljersey 140 breit, 30/30/40/40/50/50
- Bündchenware 45 cm breit im Schlauch, 10 cm

Zuschneiden

Baumwolljersey

- 1x Vorderteil im Bruch
- 1x Rückteil im Bruch
- 2x Ärmel in Bruch

Bündchenware

- 1x Halsbündchen

Bogen A

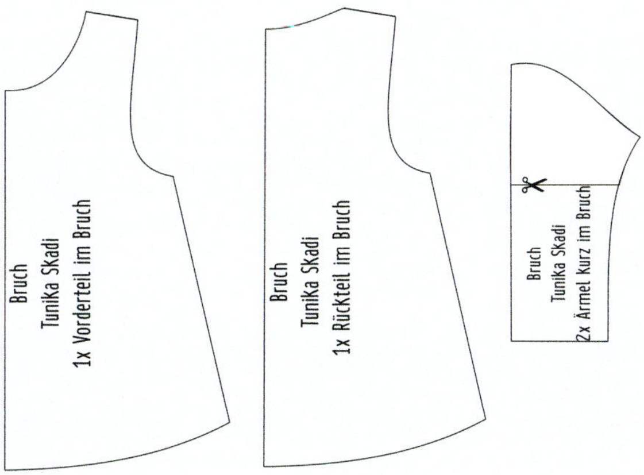

Nähen

1 Lege Vorderteil und Rückteil rechts auf rechts und schließe die Schulternaht.

2 Markiere bei der Ärmelkugel die Mitte, diese trifft am Ärmelausschnitt rechts auf rechts auf die Schulternaht. Stecke von dort ausgehend den Ärmel nach rechts und links fest. Nähe diese Naht.

3 Lege das Vorderteil wieder rechts auf rechts auf das Rückteil, die Ärmel rechts auf rechts längs zur Hälfte und schließe die Ärmel- und Seitennaht durchgehend. Achte bei der Ärmel-Ansatznaht darauf, dass die Nahtzugaben in entgegengesetzte Richtungen zeigen, damit die Nahtstelle nicht zu dick ist.

4 Versäubere den unteren Tunika-Rand. Lege die Saumzugabe nach links, säume ebenso die Ärmelkanten.

5 Nähe das Bündchen an den Halsausschnitt. Achte darauf, dass die Bündchennaht an einer Schulternaht liegt.

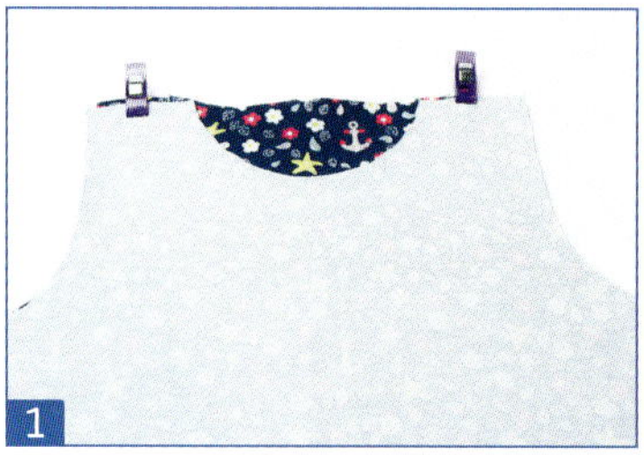
1

4a

2

4b

3

Heli

Jumper

Größe: 40+/46, 50/56, 62/68, 74/80, 86/92

Jumper, egal ob für draußen oder für drinnen: einfach nur gemütlich.

Material

- Baumwolljersey 140 cm breit 45/50/55/60/65
- Bündchenware 45 cm im Schlauch
- Jerseydruckknöpfe 4/4/5/6/6

Zuschneiden

Baumwolljersey

- 1x Rückteil im Bruch
- 2x Vorderteil (gegengleich)
- 2x Ärmel

Bündchenware

- 2x Beinbündchen
- 2x Armbündchen
- 1x Saum

Bogen B

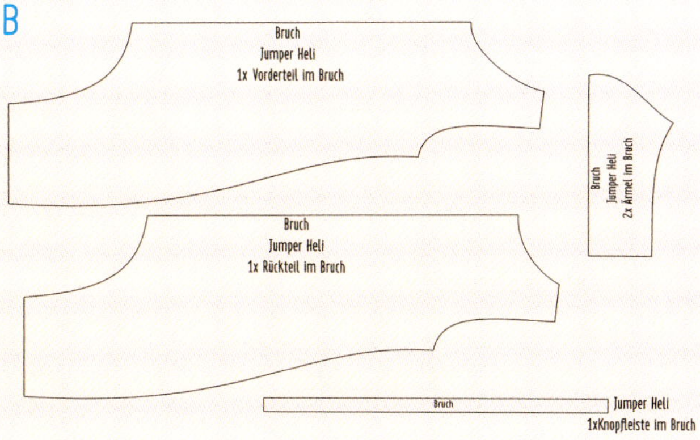

Nähen

1 Lege die Vorderteile rechts auf rechts auf das Rückteil und schließe die Schulternähte.

2 Markiere bei der Ärmelkugel die Mitte, diese trifft am Armloch auf die Schulternaht. Lege die rechte Stoffseite des Ärmels auf die rechte Stoffseite des Rumpfs, stecke von dort ausgehend den Ärmel nach rechts und links fest. Nähe diese Naht.

3 Lege die Vorderteile wieder rechts auf rechts auf das Rückteil, die Ärmel rechts auf rechts längs zur Hälfte und schließe die Ärmel- und Seitennaht durchgehend. Achte bei den Ärmel-Ansatznähten darauf, dass die Nahtzugaben in entgegengesetzte Richtungen zeigen, damit die Nahtstelle nicht zu dick wird.

4 Nähe nun die Einfassblende an, von den Vorderteilen über den Halsausschnitt, und achte am Hals darauf, das Bündchen etwas zu dehnen. Steppe die Nähte knappkantig mit einem elastischen Stich ab.

1

2

3

4

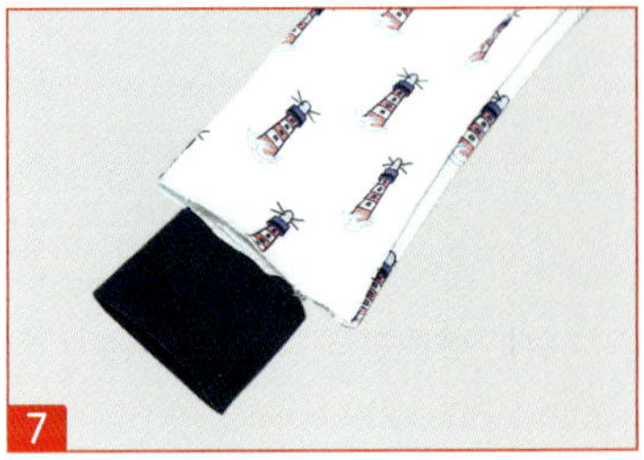
7

5 Lege nun das Vorderteil rechts auf rechts auf das Rückteil – achte darauf, dass das Vorderteil etwas überlappt an der Innennaht.

6 Schließe nun die Innennaht.

7 Wende den Jumper und bringe die Knöpfe nach Herstellerangaben an. Des Weiteren bringe die Arm- und Beinbündchen an.

Kallie

Jumper

Größe: 40+, 50/56, 62/68, 74/80, 86/92

Schick und praktisch in der heißen Jahreszeit ist dieser flotte Kurzarmstrampler.

Material

- Baumwolljersey 140 cm breit 45/50/55/60/65
- Bündchenware 45 cm im Schlauch
- Jerseydruckknöpfe 4/4/5/6/6

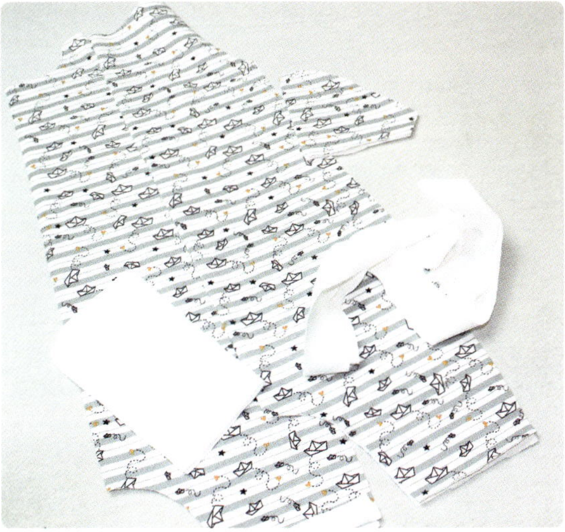

Zuschneiden

Baumwolljersey

- 1x Rückteil im Bruch
- 2x Vorderteil (gegengleich)
- 2x Ärmel

Bündchenware

- 2x Beinbündchen
- 1x Saum

Bogen B

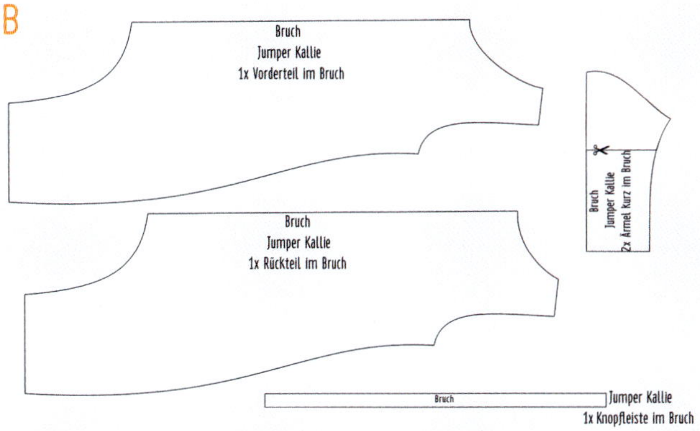

Nähen

1 Lege die Vorderteile rechts auf rechts auf das Rückteil und schließe die Schulternähte.

2 Markiere bei der Ärmelkugel die Mitte, diese trifft am Armloch auf die Schulternaht. Lege die rechte Stoffseite des Ärmels auf die rechte Stoffseite des Rumpfs, stecke von dort ausgehend den Ärmel nach rechts und links fest. Nähe diese Naht.

3 Lege die Vorderteile wieder rechts auf rechts auf das Rückteil, die Ärmel rechts auf rechts längs zur Hälfte und schließe die Ärmel- und Seitennaht durchgehend. Achte bei den Ärmel-Ansatznähten darauf, dass die Nahtzugaben in entgegengesetzte Richtungen zeigen, damit die Nahtstelle nicht zu dick wird.

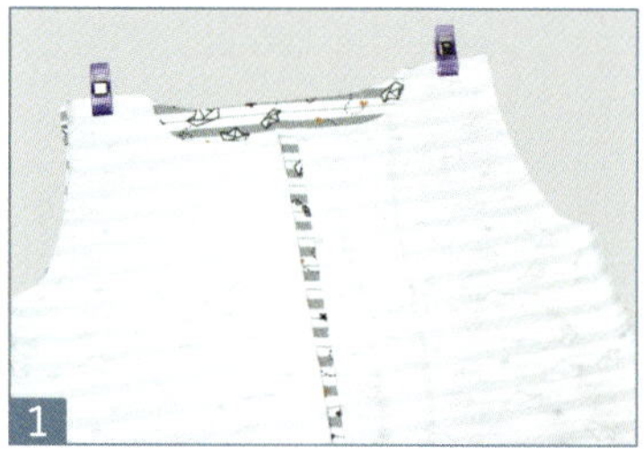

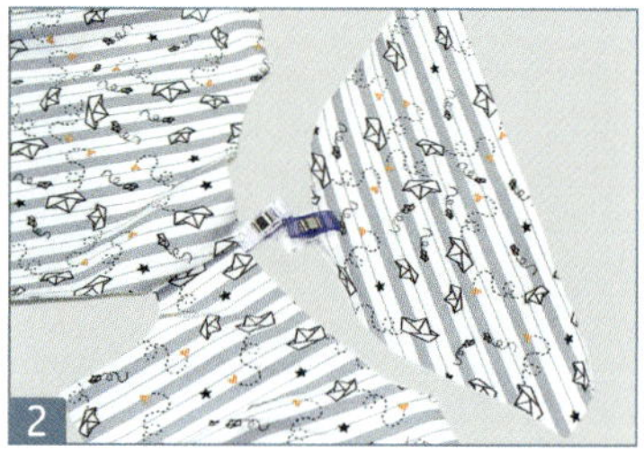

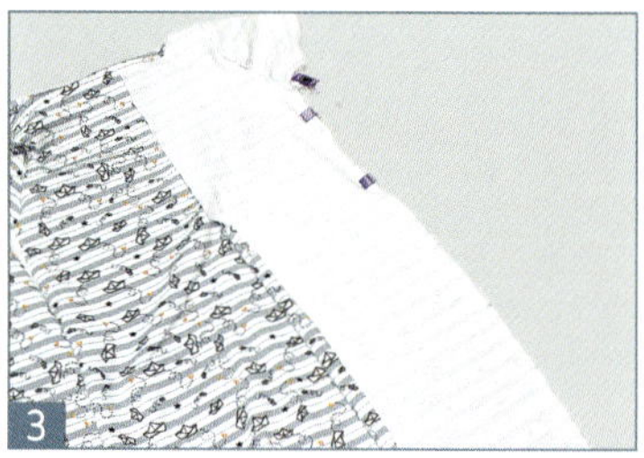

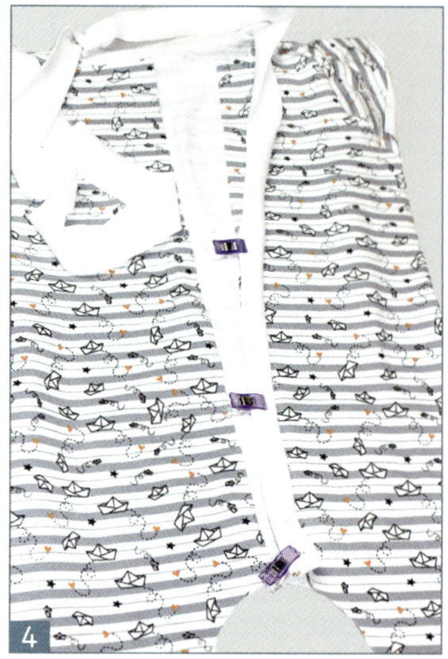

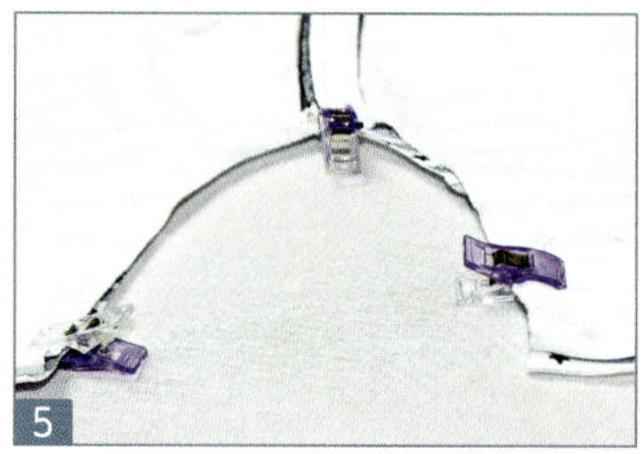

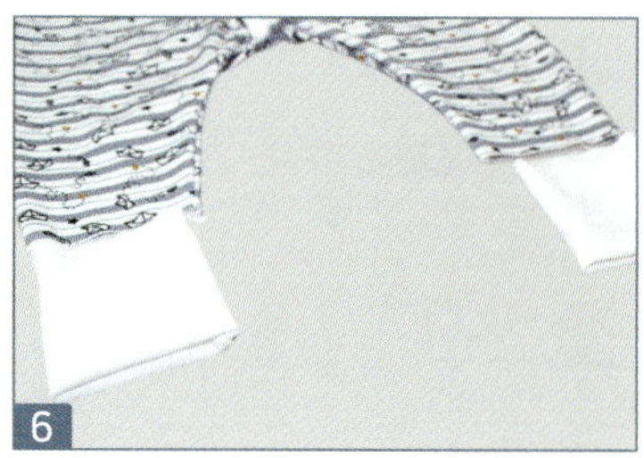

4 Bringe nun die Einfassblende/Knopfleiste an.

5 Lege nun das Vorderteil rechts auf rechts auf das Rückteil. Achte darauf, dass das Vorderteil etwas überlappt an der Innennaht. Schließe nun die Innennaht.

6 Wende nun den Jumper und bringe die Knöpfe nach Herstellerangaben an. Bündchen zur Rundung steppen und zur Hälfte falten. Des Weiteren bringe die Beinbündchen an.

7 Steppe die Ärmel ab und säume sie.

Skrollan

Leggins

Größe: 40+, 50/56, 62/68, 74/80, 86/92

An kühlen Tagen ist die Leggings Skrollan ein wunderschöner Begleiter für Rock, Kleid oder Tunika.

Material

- Jersey 35/35/40/45/50
- Gummiband ca. 2 cm breit, Länge optional

Hinweis: Da sich Gummibänder in ihrer Elastizität unterscheiden, ist keine exakte Längenangabe möglich. Am besten legst du das Gummiband eng, aber nicht gedehnt um den Bauch des Kindes und schneidest diese Länge zu. Da die Nahtzugabe beim Zusammennähen des Gummis noch wegfällt, ist dies ein gutes Maß. Wenn du kein Kind zum Abmessen hast, messe am oberen Rand den Umfang der Leggings und multipliziere diesen Wert mit dem Faktor 0,8.

Zuschneiden

2x Hosenbeine (gegengleich).
+ 5 cm Zugabe am oberen Rand für den Gummibandtunnel und
+ 4 cm Saumzugabe am unteren Hosenbeinrand. An den restlichen Kanten die gewünschte Nahtzugabe hinzufügen.

Bogen

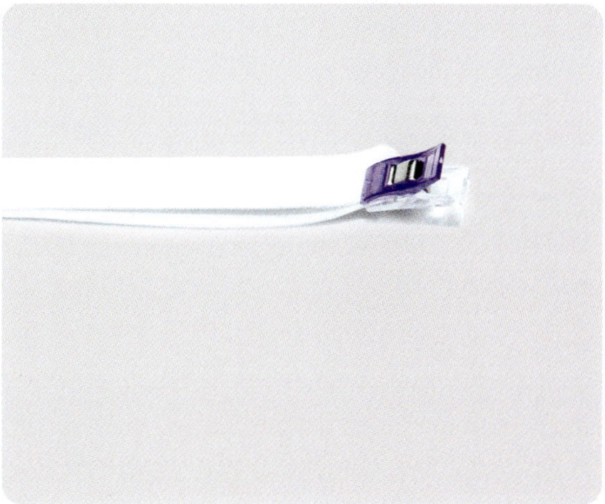

Nähen

1 Lege die Hosenbeine rechts auf rechts aufeinander und schließe die vordere sowie die hintere Schrittnaht.

2 Lege die Hosenbeine so rechts auf rechts, dass die Schrittnähte aufeinanderliegen und die inneren Beinkanten bündig liegen. Nähe die Innenbeinnähte.

3 Schlage die obere Hosenkante einmal 2 cm und nochmals 3 cm breit nach links und fixiere den Umschlag.

4 Steppe den Umschlag an der inneren Bruchkante mit einem elastischen Stich knappkantig fest. Lasse dabei an einer Stelle ein Stück der Naht für den Gummibandeinzug offen. Ziehe das Gummiband mithilfe einer Sicherheitsnadel in den Tunnel.

5 Lege die Gummibandenden 2 cm breit überlappend aufeinander, achte darauf, dass das Gummiband nicht verdreht ist, und nähe sie fest zusammen.

6 Ziehe das Gummiband zurück in den Tunnel und schließe die Öffnung.

7 Schlage die unteren Hosenbeinkanten einmal 2 cm und nochmals 2 cm breit nach links und steppe den Umschlag an der inneren Bruchkante mit einem elastischen Stich knappkantig fest.

8 Wende die Leggings auf rechts.

Fillip

Schühchen oder Füße für die Strampler

Größe: 44+, 50/56, 62/68, 74/80, 86/92

Eine schöne Idee zum Strampler, denn Schühchen halten extra warm.

Material

- Baumwolljersey 15/15/20/20/25
- Bündchenware

Zuschneiden

- 2x Seitenteile pro Schühchen
- 1x Sohle pro Schühchen
- Bündchen in Wunschhöhe/Umfang x 0.7 s. Tabelle

Hinweis: Fillip kann mit Bündchen als Schühchen einzeln genäht werden, super zum einfach Drüberziehen gegen kalte kleine Babyfüße. Oder du kannst Fillip anstatt des Beinbündchens an jeden im Buch vorhandenen Stramplerschnitt nähen (Schnitt und Nähschritte bleiben gleich, nur dann unten kein Bündchen annähen), um einen Strampler mit Fuß zu bekommen.

Bogen C

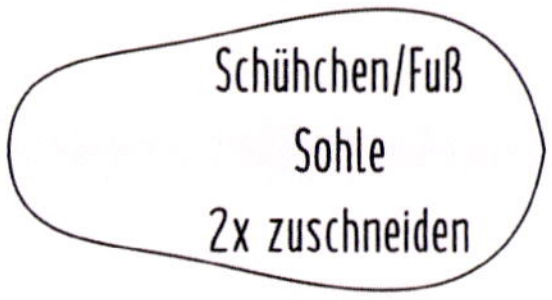

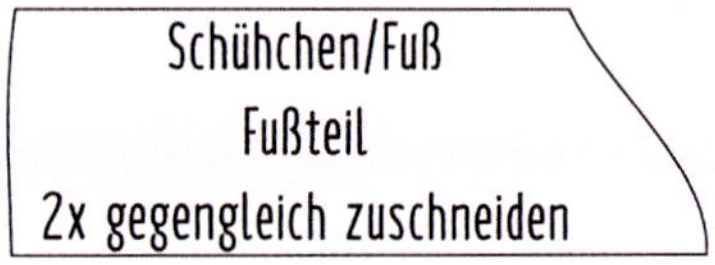

Nähen

1 Schließe die vordere Naht.

2 Schließe die hintere Naht.

3 Nimm nun das obere Fußteil und nähe es an die Sohle.

4 Wende die Schühchen auf links.

5 Nähe als nächsten Schritt die Bündchen an die Schühchen rechts auf rechts und wende diese danach. Als nächsten Schritt nähe den anderen Teil des Bündchens an den Strampler an.

Über die Autorin

From heart to needle steht seit Anfang 2015 für ausgefallene, bequeme, bunte und vielseitige Mode und Designs für die ganze Familie.
Hinter **From heart to needle** – mit Idee, Schnitt, Ausführung, Organisation, Webshop, Facebook/Instagram, Plotts, Logodesign, Fotografie, Stoffdesign – stehe ich: Sonja Hahn-Schmück, geboren 1976 in Bochum, ein richtiges Ruhrpottmädel …
Zu mir gehören meine 2 einzigartigen Töchter Nele *2015, ohne die es **From heart to needle** gar nicht geben würde, und Romy *2007, sowie mein Verlobter Ben und sein Sohn Paul, die beide in der schönen Steiermark leben – meinem zweiten Zuhause.
From heart to needle entstand quasi aus der »Not« heraus: Als sich meine zweite Tochter Nele ankündigte, hatte ich viel Lust und Zeit, ihre Erstausstattung selbst zu nähen. Leider besaß ich keinen Drucker, um mir Schnittmuster aus dem Internet auszudrucken, und zudem war ich zu bequem, um mir Schnitte aus Schnittmusterheften abzupausen. Also fing ich an selber zu zeichnen, zu messen …
Mein erstes Nähwerk war ein neuer Bezug für den Kinderwagen, gefolgt von vielen, vielen Stramplern und Mützen, die ich meiner Tochter jedoch nie angezogen habe – es war im Sommer 2015 viel zu warm, und Pumphosen (natürlich selbst genäht) und Bodys waren viel praktischer!
Als bekennende Autodidaktin entwickelte ich in den letzten Jahren über 150 Schnittmuster. Zuerst per Hand gezeichnet, ab 2016 dann digitalisiert und am Computer gradiert.
Nähen, Schreiben, Fotografieren, das Entwerfen von Mode, Umsetzen von Ideen, das Verarbeiten toller Stoffe – das ist meine Leidenschaft und es war mir eine große Freude, diese im Jahr 2017 zu meinem Hauptberuf zu machen. Seitdem bin ich freiberufliche Designerin, Autorin, Fotografin und Schnitterstellerin – (m)ein Traumberuf!

Ein großes Team von freiwilligen Näherinnen testet meine Schnitte im Vorfeld auf Herz und Nieren, es soll ja jede Größe gut passen. Die Bilder der Designbeispiele schmücken meinen Blog, meine Shops und die E-Books.

Sonja

Mein Online-Shop: www.fromhearttoneedle.com
www.facebook.com/fromhearttoneedle
www.instagram.com/from_heart_to_needle
www.makerist.de/users/from_heart_to_needle